SIEGFRIED SCHROTTA
ERICH VISOTSCHNIG

Neue Wege zur Verständigung

DER MACHTFREIE RAUM

Mit 3 Textabbildungen

PAUL ZSOLNAY VERLAG
WIEN · HAMBURG

Umschlag und Einband: Werner Sramek
Fotosatz: Wulfenia, Feldkirchen
Druck: Leykam AG, Graz
Bindung: Engelbert Trescher's Witwe, Wien
Printed in Austria
ISBN 3-552-03406-4

CIP-Kurztitelaufnahme der Deutschen Bibliothek
Schrotta, Siegfried / Visotschnig, Erich:
Neue Wege zur Verständigung: d. machtfreie Raum /
Siegfried Schrotta; Erich Visotschnig. — Wien;
Hamburg : Zsolnay, 1982
ISBN 3-552-03406-4
NE: Visotschnig, Erich:

INHALT

Aussagen über die Gesellschaft sind selten nur richtig oder nur falsch.

Wenn Menschen von Aussagen und daraus folgenden Entscheidungen betroffen sind, sollte es nicht allein um rationale Argumente gehen, sondern um Erkenntnisse und Lösungen, die für die Betroffenen annehmbar sind. Wenn den vielfachen Bedürfnissen vieler Menschen Rechnung getragen werden soll, dürfen ihre Probleme nicht nur nach dem logischen Gehalt beurteilt werden: Andere Maßstäbe sind notwendig, um sie zu bewerten, und neue Methoden, um gemeinsam zu Erkenntnissen und Lösungen zu gelangen.

Wir stellen in diesem Buch sowohl einen neuartigen Maßstab zur Diskussion, als auch eine Methode, die eine neue Richtung weist. Beide führen zu einer Form der Verständigung, die anderen Grundsätzen folgt, als sie bisher erkannt und verwirklicht worden sind. Sie ist geeignet, den einzelnen Menschen mit einer großen Zahl anderer Menschen geistig zu verbinden. Die Ursachen, die diese Verständigung bisher verhindert haben, sind erstaunlich genug. Noch erstaunlicher sind die vorhersehbaren Auswirkungen, sollte es gelingen, diese Hindernisse abzubauen.

Uns geht es darum, die Grundidee eines neuen Verständigungsverfahrens möglichst vielen Menschen nahezubringen. Zu dieser Idee führen viele Zugänge, und sie wird durch die Erfahrungen jedes einzelnen so verständlich, daß wir uns damit begnügen können, unsere Ergebnisse einfach so zu beschreiben, wie wir sie sehen.

Da Aussagen über die Gesellschaft, vor allem im Bewußtsein der davon Betroffenen, wirksam werden und wirksam werden sollen, halten wir es für wichtiger, zum Denken anzuregen, als selbst das letzte Wort zu behalten. Wir verzichten daher zumeist auf ausgefeilte Definitionen, wie sie in wissenschaftlichen Arbeiten üblich sind. So schreiben wir etwa von der Demokratie und ihren Aufgaben, ohne uns mit tiefschürfenden Abgrenzungsversuchen des Demokratiebegriffes aufzuhalten. Wir möchten auf diese Art alle Menschen ansprechen, die meinen, in einer Demokratie zu leben, oder die Hoffnungen in sie setzen. Wir meinen, dadurch viel leichter zu erfahren, ob ihre Hoffnungen dieselben sind wie die unseren und ob wir uns darüber verständigen können.

Dieses Buch ist daher keine wissenschaftliche Arbeit, kein Versuch, ein literarisches Kunstwerk zu schaffen, kein Sachbuch und auch nicht die Zusammenfassung von vier gescheiten Büchern zu einem fünften, gelehrten. Es ist der Beginn eines Verständigungsvorganges in Umgangssprache. Die Schwierigkeiten, mit diesem Buch herauszukommen, zeigen deutlich, wie notwendig es ist, Hindernisse der Verständigung abzubauen.

Es zählt zu den Grundanliegen unseres Vorschlages, den einzelnen Menschen in seiner freien geistigen Entfaltung bedingungslos zu verteidigen. Er soll als der kleinste Bestandteil der Gesellschaft vor allen Einflüssen geschützt werden, die ihn daran hindern, sich als selbständig denkendes und selbstverantwortliches Wesen zu verstehen.

Wer dieses Anliegen teilt, soll letzten Endes angeregt werden, sich an der neuen Verständigung zu beteiligen. In diesem Sinne steht am Ende dieses Buches DER ANFANG.

I

BESTANDSAUFNAHME

1

DIE FREIE MEINUNG

Die Vergangenheit der Staaten ist vom Kampf um die Macht geprägt. Der Anspruch auf Macht wurde dabei nicht nur nach außen anderen Staaten gegenüber erhoben, sondern auch nach innen gegen die eigenen Untertanen durchgesetzt. Willkürlicher Machtgebrauch reichte von spontaner Grausamkeit bis zur sorgsam organisierten Gedankenkontrolle der Beherrschten.

Übergriffe der Staatsmacht gehören auch heute noch zum politischen Alltag. Laut Schätzungen von *Amnesty International* gibt es derzeit noch meht als 500.000 politische Gefangene in aller Welt. In 63 Staaten wird noch gefoltert. Übertretungen gegen die Menschenrechtskonventionen werden aus 110 Ländern gemeldet. Acht Millionen Menschen sind auf der Flucht vor politischer Gewalt. Im Jahr 1980 wurden in 26 Ländern politische Gefangene hingerichtet.

Menschliches Denken hat sich jahrtausendelang an den Einsatz staatlicher Machtmittel bei der Unterdrükkung des einzelnen gewöhnt. Wenn sich ein Staat heute wirklich zu den Menschenrechten bekennt, dann erscheint das als Fortschritt und bemerkenswerte Ausnahme, auf die seine Bürger stolz sind. Die Anerkennung dieser Grundrechte wird als achtens- und beachtenswerte Selbstbeschränkung staatlicher Machtausübung empfunden.

Dieser bescheidenen und von keinerlei Vorbild verwöhnten Einstellung ist es zuzuschreiben, daß schon die bloße Anerkennung der Grundrechte von einer breiten Allgemeinheit als ausreichend empfunden wird. Kaum jemand bemerkt, daß zumindest von der Demokratie mehr erwartet werden muß: sie muß dafür sorgen, daß die Grundrechte auch praktisch wirksam werden.

Eines der Grundrechte, das Recht auf freie Meinungsäußerung und -verbreitung, ist stets in Gefahr, durch Machtgebrauch verletzt zu werden. Obwohl durch Artikel 19 der allgemeinen Erklärung der Menschenrechte von den vereinten Nationen garantiert, zeigt sich an ihm deutlich eine noch nicht erfüllte Aufgabe der Demokratie.

Die landläufige Bezeichnung dieses Rechtes heißt „Meinungsfreiheit“. Selbst die Wortwahl drückt die verschüchterte Bescheidenheit der „Untertanen“ aus, die sich eine Freiheit bestätigen lassen, welche dem einzelnen von keiner Regierung genommen werden kann: die eigene Meinung. Auch geäußert kann die eigene Meinung überall werden. Nur ist die Zahl der Zuhörer, vor denen man sich ohne Gefahr äußern kann, in totalitären Staaten möglicherweise kleiner als in den Demokratien. Während in totalitären Staaten auch ein einziger Zuhörer schon gefährlich sein kann, sind in der Demokratie beliebig viele Zuhörer erlaubt. Für die meisten aber sind auch in der Demokratie größere Zuhörerzahlen völlig unerreichbar.

Narrenfreiheit

Das Gewirr der Hindernisse, die sich einer wirksamen Verbreitung der Meinung des einzelnen entgegenstellen, ist von einer Art und Vielfalt, die es ihm beinahe unmöglich machen, sich über seinen eigenen engsten Bereich hinaus hörbar zu äußern, und sei es mit Meinungen, die noch so fundiert, wichtig oder treffend wären. Es scheint niemanden zu kümmern, daß die vielgerühmte Meinungsfreiheit der Demokratie für den einfachen Bürger nichts anderes ist als eine Narrenfreiheit, die ihn degradiert — zu einem Polterer am Biertisch, zu einem Raunzer und Nörgler im kleinsten Kreis.

Die Auswirkungen auf den einzelnen sind unterschiedlich. Die meisten sehen keinen Weg, ihre Meinung wirksam zu vertreten und wenden sich lohnenderen oder befriedigenderen Tätigkeiten zu. Das Erarbeiten einer eigenen Meinung unterbleibt zuletzt, da es — zu Recht — als wertlose, zu nichts führende Anstrengung empfunden wird. Denkverzicht ist oft ein Ausweg, um das unbefriedigende Gefühl loszuwerden, daß der eigenen Meinung jedes Durchdringen und damit jede Auswirkung verwehrt ist.

Für die Gesellschaft sind die Folgen unübersehbar. Millionen oder sogar Milliarden Menschen kümmern sich kaum noch um die Probleme der Allgemeinheit. Daher der schleppende soziale Fortschritt und die Mißstände auf der einen Seite, die Machtkämpfe und Intrigen auf der anderen.

Das offensichtliche Mißverhältnis zwischen technischem und sozialem Fortschritt fällt auf. Während auf technischem Gebiet Patentämter bereitstehen, um

Ideen von Erfindern aus allen Schichten aufzunehmen und zu schützen, während in ungezählten Entwicklungslabors Heere von Technikern und Forschern an der technologischen Entwicklung arbeiten, ist dem Bürger auf sozialem Gebiet weitgehend Denkverzicht aufgezwungen, weil er für solche Ideen kein Gehör findet. Die vielfältigen Gelegenheiten schöpferische Kräfte des Menschen auf sozialem Gebiet wirksam werden und für das Wohl aller sorgen zu lassen, wurden nicht erkannt und noch weniger genützt. Jede Idee, die dabei verloren gegangen ist, ist zum Schaden der Gesellschaft verloren gegangen.

Welche schöpferische Kraft im Menschen steckt, wird durch den technischen Fortschritt eindrucksvoll bewiesen. Leider hat sich neben dem technischen kein gleichwertiger Ansatzpunkt für menschliche Kreativität eröffnet. Obwohl ein Überhandnehmen der Technik heute bereits zur Gefahr zu werden droht, ist diese Entwicklung kaum aufzuhalten: die Kreativität des Menschen *braucht* ein Betätigungsfeld.

In äußerstem Gegensatz zur Schwierigkeit des Durchschnittsbürgers, sich in der Öffentlichkeit Gehör zu verschaffen, steht die Aufnahmebereitschaft der Medien für Äußerungen aus den etablierten Schichten. Nicht mehr der Inhalt der Äußerung, sondern die Position des Äußernden ist ausschlaggebend für Größe, Aufmachung und Verbreitung der Äußerung. Allerdings ist der Mensch im Brennpunkt öffentlicher Gruppierungen nicht mehr imstande, sich unabhängig zu äußern. Er ist nur noch Vertreter irgendwelcher Institutionen, deren Zwängen er zu gehorchen hat. Indem er sich den Gruppeninteressen und Institutionsnormen fügt, werden seine Originalität und sein eigenständiges Denken weitgehend eingeschränkt.

Den Schaden trägt immer die Gesellschaft, wenn sie auf ausgefahrenen Gleisen weiterläuft und zunehmend in Institutionen erstarrt.

Ersatzangebote der Demokratie

In den Demokratien beginnen die Bürger langsam ihre übernommene eingeschüchterte Haltung gegenüber der staatlichen Obrigkeit abzulegen. Bürgerinitiativen, außerparlamentarische Opposition, aber auch Terrorakte sind Anzeichen dafür. Die bisher anerkannten Möglichkeiten sozialer und politischer Betätigung werden als nicht ausreichend empfunden. Sie sind praktisch nur innerhalb von und durch Gruppierungen mit fest gefügten Strukturen möglich, die als allerersten Akt des neu Eintretenden verlangen, daß er die bestehende Struktur anerkennt und sich einfügt.

Jede politische Partei zum Beispiel verlangt vom werdenden Mitglied zuerst die Bereitschaft, sich ihrer großen Linie oder Ideologie unterzuordnen. Während der Zeit jahrelangen Hochdienens hat der Parteigenosse weniger Recht auf eine eigene Meinung als jeder andere Staatsbürger: er muß sich der Parteimeinung beugen. Wird ein Abweichen von der offiziellen Parteilinie bekannt, kann Parteiausschluß ausgesprochen werden. Die Herrschaft der Parteimeinung wird durch den Fraktionszwang bis in höchste Parteiränge zementiert.

Nur wer bereit ist, die Ideologie einer politischen

Partei anzuerkennen, kann in der Partei ein Betätigungsfeld finden. Jedem anderen ist diese Möglichkeit verschlossen; er ist zum politischen Einzelgänger und somit zur beinahe hoffnungslosen Einflußlosigkeit verurteilt. Auch von den aktiven Parteigängern ist es nur wenigen vorbehalten, in Positionen vorzustoßen, die wirklich Einfluß gestatten. Sie brauchen dafür ihre ganze Kraft und es wird zu ihrer Lebensaufgabe, die erreichten Positionen zu halten.

Die öffentliche Meinungsbildung ist nicht ein Ergebnis des Rechtes auf freie Meinungsäußerung. Sie kommt aus den Einflußbereichen der politischen Parteien, ausgehend von wenigen Menschen in den Zentren der Macht.

Im Zuge der stürmischen technologischen Entwicklung hat sich allerdings auch eine neue, unberechenbare Macht entwickelt. Ein ganzes Arsenal von Vernichtungsmaschinen ist erfunden und erzeugt worden. Jeder einzelne kann heute ohne allzu große Schwierigkeiten in den Besitz von Vernichtungsmitteln beinahe beliebiger Größenordnung gelangen. Er hat dadurch Mittel in der Hand, seine Umgebung zu bedrohen, um sich kurzfristig Macht und Einfluß zu verschaffen. Früher hat die totale Einschüchterung durch die Obrigkeit — wie heute noch in totalitären Staaten — das Ausnützen dieser Machtmittel durch den einzelnen verhindert. Diese Hemmung beginnt in der Demokratie mehr und mehr abzufallen. Politischer Terror erscheint — unter anderem — als Ausbruchsversuch aus der Machtlosigkeit. Er richtet sich auch gegen die in der Gesellschaft wirkende Tendenz, „die anderen" von der Mitwirkung auszuschließen. Erinnert man sich daran, wieviele Flugzeuge entführt worden sind, nur um „eine Nachricht“ in die Öffentlichkeit zu bringen, so wird das Ausmaß des Ausschließungsdruckes deutlich, der überwunden werden muß, um eine Art primitiver Verständigung herzustellen.

Die Struktur unserer Medien ist der ideale Nährboden für derartige Unternehmungen: während der Versuch des einzelnen, durch bezahlte Einschaltungen auch nur in einer einzigen Zeitung seine Ansichten zu verbreiten, sehr bald an unüberwindlichen finanziellen Schranken scheitert, genügt eine um geringes Geld verfertigte Bombe an geeigneter Stelle für seitenweise, völlig kostenlose Reportagen in größter Aufmachung und in allen Medien.

Doch die Gesellschaft ist Nachrichten von Außenseitern nicht gewohnt und noch weniger gewillt, sie unter Druck zur Kenntnis zu nehmen. Ein geradezu hysterisches Sicherheitsbedürfnis wittert in weitesten Kreisen der Bevölkerung „Sympathisanten“. Bestimmte Fragestellungen und noch mehr die Antworten oder Vorschläge darauf lösen die ärgsten Verdächtigungen aus. Wer nicht in Verruf geraten will, nimmt zur Kenntnis, daß bestimmte Themen und ganze Fragenkomplexe einfach und überall auszuklammern sind.

Die Gefahr einer verhängnisvollen Entwicklung zeichnet sich ab, die Terror und Gegenterror nach sich zieht:

— abnehmende Verständigungsbereitschaft der schockierten Gesellschaft
— zunehmende Unterdrückung verdächtig wirkender Fragen, Antworten, Ideen und Vorschläge
— wachsender Ausbruchswille Unzufriedener und Mißverstandener

Die Gesellschaft muß neue Methoden erfinden, um diesem Teufelskreis zu entrinnen. Eine neue Form einer allen leicht zugänglichen Verständigung ist nötig. Gar mancher Terrorakt wäre unterblieben, hätte der Terrorist zuvor die Möglichkeit gehabt, seine Ansichten im Meinungsaustausch öffentlich zu erproben. Manche verzerrte Vorstellung wäre dadurch erkannt und berichtigt worden. So aber ist der Terrorist auf die Kommunikation innerhalb einer von der Öffentlichkeit notgedrungen streng isolierten Aktivistengruppe angewiesen. Der dort fehlende, doch dringend nötige korrigierende Widerspruch durch Andersdenkende verleitet die Gruppe zu falschen Einschätzungen, deren letzte Konsequenz die Terrorakte darstellen, die heute die Welt erschüttern.

Das Ergebnis unserer Überlegungen über die freie Meinungsäußerung in der Demokratie ist schockierend. Es klingt wie eine Verhöhnung des Demokratiegedankens. In den heutigen Demokratien hat der brutale, zum Äußersten entschlossene Terrorist die Möglichkeit, sich in der Öffentlichkeit uneingeschränkt und mit Breitenwirkung bemerkbar zu machen. Der Durchschnittsbürger kann mit seiner freien Meinung, selbst wenn er sich die Mühe macht, sie zu entwickeln, über die Grenzen seiner eigenen engen Umgebung nicht hinaus. Der Mann in bedeutender Position — auch der Journalist —, der diese Position halten will, ist Institutionen verpflichtet, die ihm seine freie Meinung einengen. Das Recht auf freie Meinungsäußerung ist heute eine theoretische Freiheit; Generationen haben nicht verstanden, es mit praktischem Sinn zu erfüllen.

Dennoch halten Politiker die demokratischen Mitspracherechte für ausreichend, und manche Menschen glauben es ihnen. Ihre Gleichgültigkeit gegenüber den Ersatzangeboten der Demokratie ist Spiegel der inneren Bereitschaft, die von den staatlichen Organen geschaffenen Bedingungen hinzunehmen und mit ihnen zufrieden zu sein. Dabei handelt es sich aber nur um eine zweckgerichtete Zufriedenheit, die in Generationen von unterdrückten Vorfahren aus dem Wunsch heraus gewachsen ist, den Konflikt mit der übermächtigen, mitleidlosen, „rechtmäßigen" Macht zu vermeiden.

Die staatliche Norm in Form von Gesetzen und der Strafvollzug bei ihrer Übertretung sind Rechtsgrundlage unserer Demokratien. Die Berechtigung dieser Rechtsgrundlage soll hier in keiner Weise diskutiert werden. Doch soll deutlich hervorgehoben werden, daß das Recht auf freie Meinungsäußerung davon ganz klar abgegrenzt werden müßte. Ein Grundrecht darf nicht durch Angst vor der staatlichen Anklage gefährdet werden. Im Bereich der freien Meinungsäußerung müssen wir uns von der Gewohnheit befreien, nach Normen *irgend einer* Macht zu werten.

Jetzt, da die Waffenarsenale der Supermächte ausreichen, die Welt vielfach zu zerstören, und die dem einzelnen zugänglichen Vernichtungsmittel imstande sind, die Struktur jedes Gesellschaftssystems in Frage zu stellen, sollte die Notwendigkeit erkannt werden, von der alten Primitivlogik des Herrschens durch Macht, Gewalt und Bedrohung abzulassen. Jedes Teilgebiet, in welchem sich eine Möglichkeit zu machtfreien Beziehungen anbietet, sollte ausgenützt werden. Die Chance, die die Demokratie mit ihrem Bekenntnis zu den menschlichen Grundfreiheiten bietet, sollte begriffen werden. Wo immer möglich, sollten machtfreie Räume entdeckt und verwirklicht werden, um durch neue Prinzipien menschliches Zusammenleben neu zu gestalten.

In der Demokratie darf es nicht genügen, theoretische Freiheiten zu garantieren, deren wirksames Ausschöpfen für die meisten jenseits aller Möglichkeiten liegt. Neue Wege der Verständigung sind vonnöten, die jedem Bürger nicht nur das Recht, sondern auch die Mittel zur Verfügung stellen, seine Meinung für alle jene hörbar auszudrücken, für die sie bestimmt oder von Bedeutung ist.

Es leuchtet ein, daß kein demokratisches Gemeinwesen unbegrenzt belastbar ist. Der Aufwand, der durch das Errichten eines geeigneten Verständigungssystems von ihm gefordert wird, mag dem ersten Eindruck nach untragbar erscheinen. Untersuchungen in späteren Kapiteln, in welchen wir unsere Vorstellungen über seine Verwirklichung genauer fassen, werden jedoch zeigen, daß der Aufwand vertretbar gehalten und sogar im Rahmen der freien Marktwirtschaft zu einem wirtschaftlich positiven Ergebnis geführt werden kann. Auf alle Fälle zeigen die vielen existierenden und mit größtem Aufwand errichteten Systeme zur Erkundung der Meinung des gemeinen Mannes, welche ungeheuren Mittel ein Staat aufzubringen imstande ist, wenn es darum geht, im Interesse seiner Machthaber Meinungen zu erforschen. Wir sprechen hier vor allem von den komplizierten und ausgeklügelten Spitzelsystemen, die mit einem Heer von Agenten und den modernsten technischen Überwachungsanlagen in totalitären Staaten aufgezogen werden, um die Meinungen der Untergebenen unter

Kontrolle zu halten. Wieder ist es ein Hohn für die Demokratie, wenn man überlegt, daß in totalitären Staaten die Meinung der Bürger soviel „wertvoller“ ist als in den Demokratien. Die Mittel, die anderswo der Machterhaltung dienen, sollten in Demokratien mindestens aufgebracht werden, um ihren Grundanliegen der freien Meinungs- und Willensbildung zu dienen.

2

VERSTÄNDIGUNGSLOSIGKEIT

Das Schweigen der Mehrheit ist versäumte Verständigung, ihr Resignieren verlorene Hoffnung. Eine Gesellschaft, deren Mehrheit schweigend resigniert, ist im Begriff, wertvolle Lebenskraft einzubüßen. Im Interesse aller muß nach Verhältnissen und Umständen gesucht werden, die die Mehrheit aus dem aufgezwungenen Schweigen befreien. Deshalb soll zunächst an der Situation des in der Masse lebenden und doch isolierten Einzelnen gezeigt werden, daß wir es dringend nötig hätten, doch bisher versäumt haben, neue Formen der Verständigung in Gang zu setzen.

Das Informationsbedürfnis

Der Durchschnittsbürger muß sich in entscheidenden Fragen den Vorwurf gefallen lassen, nicht über das nötige Wissen und ausreichende Informationen zu verfügen. Damit ist er am leichtesten zum Schweigen zu bringen; denn der Vorwurf stimmt: obwohl er sieht, wie der Kampf um das Meinungsmonopol unverblümt und in schonungsloser Offenheit geführt wird, bleibt er ein abhängiger Informationsempfänger, der nur abwarten kann, ob, wann und in welcher Form er mit Neuigkeiten versorgt wird.*

Das Volk — angeblich Souverän des Staates — wird in den meisten Fragen für nicht reif erklärt. Es muß sich mit lückenhafter und bereits vorgekauter Information zufriedengeben und bleibt dadurch von eigenständiger Denkleistung im Dienst der Allgemeinheit ausgeschlossen.

Die Bereitschaft des einzelnen, sich ein eigenes Urteil anhand der besten Informationen zu bilden, nützt wenig, solange er keine Gewähr hat, an die gültigen, aktuellen und unverfälschten Fakten heranzukommen. Wenn überhaupt, ist immer nur ein Teil der Quellen zugänglich.Die Demokratie hat keine Institution hervorgebracht, der es gelungen ist, dem einzelnen umfassende und zuverlässige Informationen über aktuelle Fragen von allgemeinem Interesse bereitzustellen.

Statt dessen verfügen die großen Interessengruppen über eine Reihe meinungsbildender Institutionen, die dem Staatsbürger die Denkarbeit abnehmen, indem sie ihm Meinungen als Information ins Haus liefern. Das Interpretieren und Umdenken der Information ist zwar ein wirksames Mittel, Menschen zu beeinflussen, ohne ihren Widerstand unmittelbar herauszufordern,

* Eine medienpolitische Studie der UNESCO weist auf 350 Seiten Einflüsse von wirtschaftlichen Konzentrationsbewegungen, politischen Zensurmechanismen und tendenziöser Berichterstattung nach. Von vier westlichen und einer östlichen Nachrichtenagentur kommen 80 % aller Meldungen. Dort laufen alle Informationsstränge zusammen, dort wird entschieden, was als Nachricht um die Welt zu gehen hat (Reuter in London, Agence France Presse in Paris, United Press International und Associated Press in New York und TASS in Moskau).

es zählt aber zu den Schwächen der Demokratie. Hinter gesiebten oder entstellten Informationen verbirgt sich nicht selten die Angst davor, das Bild der wahren Verhältnisse zu zeigen. Tatsachen und Aktionen, die das Licht der Öffentlichkeit scheuen müssen, werden getarnt, um von der Mehrzahl nicht durchschaut zu werden. Denn nur der richtig informierte Mensch kann Kontrollfunktionen ausüben — nur er kann die notwendigen Korrekturen verlangen.

Welche Tragweite die Unterdrückung des Informationsbedürfnisses für die Bevölkerung haben kann, ist am Beispiel des „Tausendjährigen Reiches“ deutlich geworden. Die Propaganda lief auf Hochtouren, das Land war gegen fremde Informationen hermetisch abgeschirmt. Einen Auslandssender abzuhören, galt als Verrat und wurde mit Gefängnis bestraft. Dagegen war der billige Radioapparat, der „Volksempfänger in jedem Heim“, eine der wichtigsten gesellschaftspolitischen Maßnahmen. Jeder sollte das Gefühl haben, informiert zu sein. Die tatsächlich erzeugte Unwissenheit diente dem Glauben an die Führung. In ihrem Schutz konnten unmenschliche Greueltaten stattfinden, die nicht einmal die damaligen Machthaber öffentlich einzugestehen wagten.

Die totale Kontrolle von Information und Verständigung war und ist ein Grundpfeiler jeder Gewaltherrschaft. Dem gleichen Herrschaftsprinzip begegnen wir in der manipulierten Information, die als Grundlage der Machtpolitik verwendet wird.

Auch in der Demokratie kann auf diese Art Machtpolitik betrieben werden. Nicht der gut informierte Staatsbürger ist das Ziel politischer Information, sondern der blinde Gefolgsmann, der zur Stimmabgabe überredete Wähler. Ergebnis: ein verunsicherter, schlecht informierter Durchschnittsbürger, dem man kaum noch guten Gewissens eine politische Entscheidung zumuten kann.

Es ist niemandem damit gedient, wenn Fragen, die bei ausreichender Information mit Verstand gelöst werden könnten, aufgrund mangelnder Unterlagen nur gefühlsmäßig oder als Gewissensfragen beurteilt werden müssen.

Der uninformierte Mensch spielt eine klägliche Rolle, wenn er gegen Zustände protestiert, die im Vergleich zu den von ihm noch nicht durchschauten Gefahren geradezu Kleinigkeiten sind: Während die einen gegen die Inbetriebnahme eines Kernkraftwerkes Sturm laufen, fällt einer der völlig unabgesicherten Atomreaktoren vom Himmel, die andere in militärischer Absicht schon seit Jahren über den Köpfen der Ahnungslosen kreisen lassen.*
Erst dadurch wird bekannt, daß ein in der Atmosphäre verglühender Atomsatellit eine radioaktive Wolke von 300 bis 400 km Länge hinterläßt, die mit dem Regen zur Erde fällt. Erst dadurch erfährt der Staatsbürger, der mit seinen Protesten die Gefahren der Zukunft klein halten wollte, von ähnlich riskanten verschleierten Vorfällen in der Vergangenheit.**

* „KOSMOS 954", ein militärischer Satellit der UdSSR, stürzte am 24. 1. 1978 auf kanadischem Territorium ab. Er war am 18. 9. 1977 mit einem Atomreaktor und zirka 45 kg angereichertem Uran 235 an Bord gestartet worden, um amerikanische Flottenbewegungen zu überwachen.

** Präsident Carter gab zu, daß auch die USA solche Satelliten gestartet habe, von denen einer schon früher abgestürzt sei. Darauf waren keine weiteren Meldungen mehr zu hören.

Das sind Informationen, die im nachhinein die Maßstäbe verschieben. Wie so oft muß der einzelne gerade in einer entscheidenden Frage erkennen, daß ihm kein vollständiges Bild vermittelt wird. Die Realität wird von der Allgemeinheit — wenn überhaupt — zu spät erkannt. Der Staatsbürger ist immer gerade nur so weit informiert, wie es für sein vorhersagbares und genehmes politisches Verhalten erforderlich erscheint.

Solange Information als ein Faktor der Macht benützt wird, ist der Begriff Demokratie nahe daran, seinen Inhalt zu verlieren. Eine Entwicklung zur zuverlässigen, zur wahrheitsgetreuen, zur umfassenden Information müßte allen jenen notwendig erscheinen, die sich über die Überlebenschancen der Demokratie Gedanken machen. Der Einwand, daß in vielen Fällen die Verantwortlichen nicht viel besser informiert seien als der Durchschnittsbürger, weist auf Mächte hin, die der Demokratie übergeordnet und daher ihrem Einfluß entzogen sind. Um so mehr liegt der Gedanke nahe, keinen Versuch zu scheuen, Informationen aus neuen Quellen zu gewinnen, die sich den alten Machteinwirkungen nicht beugen.

Ganz im Gegensatz zum Bedürfnis nach unverfälschter Information und klaren Antworten auf gezielte Fragen überrollt den Staatsbürger eine Informationslawine, die ihn überfordert und ihm den Blick für das Wesentliche trübt. Von der Schulzeit an werden ihm unzählige Antworten auf Fragen aufgedrängt, die er nie gestellt hat. Der einzelne wird nach seiner Bereitschaft und Eignung als Dauerspeicher für Informationen bewertet, die andere für ihn ausgewählt haben. Diese Wertung begleitet ihn von Kindesbeinen an sein ganzes Leben lang. Das Einlernen von „Wissen", von dem man gar nicht weiß, ob es je benötigt werden wird, ist zur Regel geworden.

Informationsvorsprung und verfügbares Wissen entscheiden maßgeblich über die soziale Stellung, das Fortkommen im Beruf, das Ansehen bei den Gesprächspartnern. Uninformiert oder unwissend zu erscheinen gilt als beschämend.

Diesen Wertmaßstab aufrechtzuerhalten ist all jenen ein Bedürfnis, die sich in mühsamer Kleinarbeit ihr Wissen erworben haben, um daraus Selbstbestätigung und materielle Vorteile zu gewinnen. Wer bereit ist, zu zahlen, kann sich einen Stab persönlicher Berater leisten. Wer sehr viel Zeit hat, kann versuchen, in Bibliotheken nach dem zu forschen, was er in Lexika nicht findet. Der berufstätige Mensch des Alltags verfügt aber weder über so viel Geld, noch über derart viel Zeit. Und gerade darin liegt wieder ein Ansatzpunkt für ein florierendes Geschäft. Unzählige Magazine, Zeitschriften und Publikationen schlagen aus der Unmöglichkeit der gezielten Informationssuche Kapital.

Nehmen wir als Beispiel einen Heimwerker, der seinen Dachboden ausbauen will, und dafür eine einschlägige Hobby-Zeitschrift abonniert. Er bezieht — und bezahlt — serienweise Hefte mit praktischen Tips für den Keller, die Küche, das Wohnzimmer, die Garage. Er kann nur hoffen, daß auch der Dachboden noch drankommt, bevor er mit dem Ausbau fertig ist. Als Abonnent liest er, was ihm ins Haus schneit, weil er es schließlich bezahlt hat. Einen Einfluß auf Themen und Gestaltung der Hefte hat er nicht.

Der gesamte Aufbau der Medien ist darauf abgestimmt, uns Informationen aufzudrängen. Paradefall dafür sind die Werbeeinschaltungen an Stellen, wo mit dem Interesse des Betrachters aus anderen Gründen gerechnet werden kann. Etwa zwischen Nachrichten und Sportteil im Fernsehen, oder im Informationsteil einer Zeitung. Der erwartungsvolle Betrachter kann gar nicht anders, als zumindest oberflächlich aufzunehmen, was ihm ungefragt mit einem Bündel anderer Informationen untergeschoben wird.

Gegen seine einzige Einflußmöglichkeit — die Zeitung nicht zu kaufen, den Fernseher abzudrehen — spricht die weitverbreitete Sorge, in entscheidenden Augenblicken uninformiert zu erscheinen. Mit demselben Pflichtbewußtsein, mit dem wir lernen, die Schulbank zu drücken, um uns geistig schoppen zu lassen, konsumieren wir später die Massenware aus Sensationen, Interpretationen und Behauptungen.

Information ist zur Handelsware geworden, deren Wert nach dem Geschäft gemessen wird, das sich daraus schlagen läßt. Je größer die Sensation, desto größer sind die Verkaufserwartungen, je flüchtiger die Nachricht, desto schneller macht sie einer neuen Platz. Nach dem bewährten Rezept: „Wer vieles bringt, wird jedem etwas bringen“, liegt es in der Natur der Medien, jene Informationslawine zu produzieren, die wir fälschlicherweise für unvermeidlich halten.

Mit dem Interesse stirbt auch die Kritikfähigkeit ab. Daran wird sich nichts ändern, solange wir nicht auf ernsthafte Fragen ernsthafte Antworten bekommen können, und solange keine Einrichtungen geschaffen werden, die es dem einzelnen ersparen, die ungeheure Fülle des Informationsmaterials selbst zu speichern oder aufzubereiten. Erst das Bewußtsein, jede gewünschte Information mit vertretbarem Aufwand auffinden zu können, wird das Interesse des einzelnen wieder hervortreten lassen. Die heute zu beobachtende Überforderung darf nicht als Anzeichen eines überfüllten Informationsbedürfnisses gedeutet werden. In der Möglichkeit, Fragen zu stellen, wird das eigentliche Interesse erst zum Vorschein kommen.

Das Verständigungsbedürfnis

In den Trümmern der Nachkriegsjahre hat mancher einzusehen gelernt, daß nur die Verständigung von Mensch zu Mensch geeignet ist, Katastrophen zu entschärfen oder ganz zu verhindern.

Wer bei auftretenden Gefahren an den Problemen der Allgemeinheit keinen Anteil nimmt, hilft durch sein Desinteresse indirekt mit, vermeidbare Katastrophen herbeizuführen.

Das Verständigungsbedürfnis des einzelnen ist stark und weit gefächert. Es reicht von den Problemen im eigenen Lebensbereich über Fragen der Allgemeinheit bis zum Bemühen um eine wirksame Völkerverständigung. Damit überschreitet es in mehrfacher Hinsicht die Größenordnungen, die von der politisch dominierten Massenkommunikation abgedeckt oder auch nur zugestanden werden.

Dank des technischen Fortschritts kann die Verständigung zwischen Menschen nur noch schwer unterbunden werden. Selbst der Anachronismus des „Eisernen Vorhanges" ist zum Symbol einer Macht geworden, die Verständigung nicht mehr verhindern kann.

Wir sind jedoch weit davon entfernt, die nahezu grenzenlosen technischen Möglichkeiten sinnvoll zu nützen. Es fehlt der geordnete Gedankenaustausch von Menschen in beliebiger Zahl, der alle Schichten und Bereiche der Gesellschaft durchdringt.

Bisher behalten jene Kräfte die Oberhand, die das Lagerdenken zwischen Machtblöcken, Staatengruppen, Nationen, Parteien und Interessengruppen für ihre Ziele zu nützen verstehen. Der einzelne spürt aber instinktiv, daß hinter den künstlichen Barrieren ebenfalls Menschen stehen, die den großen feindlichen Lagern nur unfreiwillig angehören und wie er ohne böse Absicht leben möchten. Die Erfahrung lehrt ihn jedoch, daß sein Wunsch nach Verständigung anscheinend wenig Aussicht auf Verwirklichung hat — im eigenen Land nicht, und noch weniger weltweit.

Gewiß hat sich die Verständigung zwischen Menschen immer nach Bedarf unterbinden lassen. Wer die Macht hatte, konnte willkürlich Bücher verbieten, Zeitschriften beschlagnahmen, Theaterstücke absetzen, Werke der darstellenden Kunst vernichten, schriftliche Verständigung zensurieren und schließlich das private Gespräch abhören. Diese Maßnahmen haben jeweils zur rechten Zeit ihre gesetzliche Deckung gefunden und sind auch heute in vielen Staaten Bestandteile des geltenden Rechtes.

So leben denn die meisten Menschen in einer abwartenden Schicksalsergebenheit, statt sich bewußt zu werden, daß sie gemeinsam eine Verständigung in Gang setzen könnten, die möglicherweise eine Veränderung ihrer Lage bewirkt.

Einige Folgeerscheinungen mangelnder Verständigung

Unter den Bedingungen fehlender Information in lebenswichtigen Fragen ist es verständlich, wenn der engagierte einzelne von einer zunehmenden Unruhe befallen wird, die sein Verhältnis zur Zukunft stört. Er kann einerseits weltweite Entwicklungen beobachten, von denen Fachleute sagen, sie seien nur noch durch eine Reform der internationalen Ordnung in den Griff zu bekommen; andererseits gewinnt er den Eindruck, daß die Planungshorizonte der westlichen Demokratien über Tagespolitik und Wahlstrategien kaum noch hinausreichen. Er kennt auch die weltweiten wirtschaftlichen und bürokratischen Verflechtungen und weiß, daß einsame Fehlentscheidungen auf viele andere Lebensbereiche rückwirken können.

Der kritisch Denkende zweifelt, ob die Weltgesellschaft mit dem schnellen Wandel der Lebensbedingungen, den sie ja selbst verursacht, durch kluges Planen und Umgestalten fertig werden wird. Viel eher meint er, sie werde — wenn überhaupt — nur unter Verlusten und katastrophalen Schäden zu den notwendigen Umschichtungen finden.

Während sich Umweltschützer gegen alle Widerstände mühsam formieren, um Lebensbedingungen für Mensch und Tier zu verteidigen, wird eine Bombe entwickelt, deren Vorzug darin besteht, nur das Leben, nicht aber die Gebrauchsgegenstände zu vernichten; droht die Gegenseite mit tödlichen bakteriologischen und chemischen Kampfstoffen, die Pest und Seuchen über das Land verbreiten; reiht sich eine Erdölkatastrophe an die andere; verursacht unsere zerstörerische Zivilisation mehr und mehr Pannen, die sich nicht verheimlichen lassen.

Ereignisse dieser Art liefern einen unfreiwilligen Ausblick in eine Zukunft, die im negativen Sinn verplant erscheint. Sie lassen erkennen, daß rein politisch, ideologisch und geschäftlich bestimmte Zielsetzungen einen Weg vorzeichnen, der an den geforderten menschenwürdigen Lösungen vorbeigeht.

Völlig zu Recht entwickelt der engagierte einzelne den Wunsch, sich mit Gleichgesinnten zu verständigen, um zu retten, was zu retten ist. Er ist sowohl zu freiwilligen Leistungen, als auch zu Opfern bereit, wo immer er an der Verbesserung der Gesamtsituation mitwirken kann.

Alleine gelassen, ohne Verständigung mit Gleichgesinnten, sieht sich der einzelne jedoch dem Widerspruch zwischen erforderlicher und tatsächlicher Entwicklung ohnmächtig ausgeliefert. Ihm fehlt jeder Hinweis, wieviele Mitmenschen ähnlich denken wie er. Was nützt es, so meint der Resignierende, wenn er allein bereit ist, zur Lösung von Problemen durch eigene Ideen und klugen Verzicht beizutragen. Er sieht sich als Gefangener der unmittelbaren Verhältnisse, die ihn mundtot machen.

Im Klima des Wohlfahrtsstaates sind vorausschauende Einschränkungsvorschläge nicht gefragt. Freiwillige Leistungen und Verzicht zählen nicht zu den geachteten Werten. „Unpopuläre" Ideen können da bestenfalls verdächtig erscheinen. Das Individuum unterwirft sich entweder den Spielregeln der materiell orientierten Gesellschaft, oder es stempelt sich selbst zum Außenseiter, mit allen Folgen der Isolation und

Schlechterstellung. Mitten in der Demokratie kann es den Ungeist der Diktatur zu spüren bekommen. Ein auf die unmittelbare Gegenwart ausgerichtetes Denken steht im Vordergrund, das alle abweichenden Ideen, selbst die zukunftsweisenden, ablehnt.

Auch der Resignierende ist vom Verlangen geleitet, sich einer Gemeinschaft anzuschließen, die ihm Sicherheit gewährt und seine freiwilligen Beiträge anerkennt, ohne sie zwingend einzufordern. Fühlt er sich dagegen durch Machtpolitik ausgeschaltet, entmündigt, irregeführt, ausgenützt oder gar mißbraucht, so erlischt jeder Ansporn zur freiwilligen Mitgestaltung.

Als Folge der erfahrenen Abweisung löst sich der Resignierende aus der Verantwortung für die Gemeinschaft. Verantwortung sollen jene tragen, die diese Zustände verursachen oder gutheißen. Ihnen lastet er sein allgemeines Unbehagen an, während er selbst sich nur noch seinen kleinen persönlichen Vorteilen widmet.

Je mehr sich der einzelne durch die geltenden Spielregeln abgewertet fühlt, desto mehr bestätigt er durch egoistisches Verhalten seine aufgezwungene Rolle. Er bestätigt dabei auch die vorherrschenden Wertmaßstäbe einer Gesellschaft, die für ihn keine anderen als materielle Anreize mehr zu bieten hat.

An den Problemen der Gemeinschaft nimmt er nur noch Anteil, wenn es etwas zu fordern gibt, wenn ihn Existenzangst überfällt oder wenn er seinen Unmut äußern kann.

Einsicht und Verständnis für die Aufgaben der Gemeinschaft, über die der vollwertige einzelne zweifellos verfügt, drohen verlorenzugehen, sobald die Mehrzahl ihre Resignation durch materiellen Konsum ausgleicht und betäubt. Die Mehrzahl aber bestimmt die Geschicke der Demokratie. Gemeinschaftsprobleme werden an Experten abgeschoben, notwendige Maßnahmen ausschließlich für eine Angelegenheit der Regierung gehalten. Mit der zunehmenden Übernahme von Funktionen und Verantwortung durch den Staat sieht sich der einzelne tatsächlich der Verantwortung für die Gemeinschaft enthoben. Damit schließt sich der Kreis.

Die Formen des aufkommenden asozialen Verhaltens, des hervortretenden Einzelegoismus, des Gegeneinander, der Brutalität, des Abschiebens aller Verantwortlichkeit für gemeinsame Aufgaben, sind nur Folgeerscheinungen einer längst hingenommenen Abwertung. Einer Abwertung, die in einer als Demokratie bezeichneten Gesellschaftsform die Initiative der Menschen lähmt und sie resignieren läßt. Gäbe es Anzeichen einer Notzeit, so könnte in harter Arbeit ein Ausweg gesucht werden. Die Resignation, von der hier die Rede ist, hat sich aber mitten in den langen Jahren des Überflusses breitgemacht. Sie wurde langsam, aber unaufhaltsam, zum Merkmal eines verfehlten Wohlstandssystems, das seine Erfolge am irreführenden Ziel eines wachsenden wirtschaftlichen Lebensstandards mißt.

Unabhängig von den Problemen der vielen einzelnen, sich über die gemeinsamen Anliegen zu verständigen, entstehen durch die veränderten Lebensbedingungen neue Erscheinungsformen der Isolation.

Gerade in den Ballungszentren, wo Menschen dicht gedrängt zu leben gezwungen sind, geraten sie in ein beziehungsloses Nebeneinander, das, losgelöst von den traditionellen Gemeinschaftsbindungen, in völlige Vereinsamung führen kann. Wie groß das Verständigungsbedürfnis der Einsamen auch sein mag, so abweisend entwickelt sich die Gesellschaft im hektischen Getriebe der Industriezentren und Großstädte. Man drängt sich Schulter an Schulter und lebt Tür an Tür in trister Isolation. Trotz hoher Bevölkerungsdichte und technischen Fortschrittes gelingt es nicht, die zwischenmenschliche Kontaktarmut zu überwinden. Der einzelne will und kann sich nicht den vielen wildfremden Menschen öffnen, die ihm der Zufall täglich aufdrängt. Was er benötigen würde, ist eine Verständigungsmöglichkeit, die ihm hilft, in der Masse jene Menschen zu finden, die auf seine Wellenlänge, auf seine Interessen und Eigenschaften entgegenkommend ansprechen.

Viele leiden unter ihrer Isolation. Jeder Mensch ist auf seelischen Kontakt, auf Gedankenaustausch, auf Gefühlsbeziehungen und geistige Auseinandersetzung mit den Menschen in seiner Umwelt angewiesen. Fehlen sie ihm, so setzt ein seelischer Verkümmerungsprozeß ein, in dem die unbewältigten Probleme sein Leben zu beherrschen beginnen.

Vitale Menschen überwinden entweder durch große Initiative die Barrieren der Verständigung, oder sie verstärken ihre unpersönliche und egoistische Kälte den Mitmenschen gegenüber. Schwächere und ältere Menschen verfallen in seelisches Elend, Krankheit und Tod. Der junge Mensch aber wächst unter den ungünstigen Bedingungen frühzeitiger Isolierung mit der Frage heran, wofür er sich eigentlich noch einsetzen und anstrengen soll.

In der modernen Massengesellschaft entwickeln sich

nicht wenige Menschen zu sozialen Problemfällen oder enden in untätiger Abgeschiedenheit, obwohl sie innerhalb intakter Gemeinschaften durchaus ihren wertvollen Beitrag leisten würden und dabei glücklich wären. Wenn die Lebensbedingungen menschenunwürdig geworden sind, schaltet sich die öffentliche Fürsorge ein — ohne allerdings mehr tun zu können, als für die Mindestgrundlagen des Weitervegetierens zu sorgen.

Wieder meinen wir, die demokratische Gesellschaft leistet nicht das, was man von ihr mit Fug und Recht erwarten sollte. Ihre Versäumnisse lasten wie eine Hypothek der Geschichte auf uns.

Der Versuch, dem einzelnen — auch dem einfachen Menschen — den Zugang zu den Hilfswilligen aus seiner Schicht zu erleichtern, ist unseres Erachtens noch nicht gemacht worden.*

Wir haben bereits die Resignation als letzte Folgeerscheinung einer hingenommenen Entwertung des einzelnen eingeschätzt. Mit ihr ist auch der soziale Denkverzicht fortgeschritten. Die veränderten Lebensbedingungen würden gerade auf sozialem Gebiet neue Ideen erfordern. So stellt sich auch die Isolation des Massenmenschen nur als eine der Folgen des historisch erworbenen und gedankenlos fortgesetzten sozialen Denkverzichts dar.

Resignation und Isolation verstümmeln den Menschen. Sie begraben wertvolle Fähigkeiten und lassen die für die Gemeinschaft wesentlichen Bereiche seiner

*Eine Hilfsaktion für Einsame (1981, Kleine Zeitung Serie Steiermark) zeigt dagegen, wieviele Menschen bereit sind, anderen zu helfen, sobald sie von deren Einsamkeit erfahren und sich mit ihnen verständigen können.

Leistungen veröden. Gegen diesen Verlust sind auch die gigantischen materiellen Aufwände des Sozialstaates machtlos. Der Mensch als tragender und bejahender Bestandteil der Gesellschaft sollte nicht noch mehr zur Seltenheit werden. Der Durchschnittsbürger muß seinen Wert wieder finden. Diese Wiederbelebung ist nicht durch ein Aufstocken des Sozialbudgets zu erreichen!

Es gilt, den Wert des einzelnen Menschen neu einzuschätzen. Statt ihn zu ersticken, müssen seine Lebenszeichen und vor allem die Zeichen seines kritischen Urteilsvermögens anders als je zuvor gedeutet und gefördert werden.

Ein Beispiel: Wenn am Rande einer Großstadt plötzlich der geschützte Grüngürtel von Baumaschinen durchwühlt wird, wenn Baumbestände fallen und sich Baugesellschaften breitmachen, fällt das den Anrainern nicht erst auf, nachdem alle Bestände ruiniert sind. Lange bevor es ernst wird, können die Betroffenen die auf sie zukommende Situation erkennen. Bis sich jedoch eine breitere Öffentlichkeit des entstandenen Schadens bewußt wird, steht sie vor vollendeten Tatsachen.

Jeder Entrüstungssturm kommt zu spät, wenn der Schaden nicht mehr rückgängig gemacht werden kann. Es nützt auch nichts, wenn die Verantwortlichen im nachhinein zur Rechenschaft gezogen werden. Ist überdies die Verfilzung von Amtsgewalt und Geschäftsinteressen nicht genügend durchschaubar, so fehlt auch die Handhabe dazu. Sehr oft brauchen die Verantwortlichen nur die Vergeßlichkeit der Menge abzuwarten, um über jeden Verdacht erhaben zu sein.

Mit Blitzaktionen und zu spät einsetzender Information lassen sich auch unzumutbare Beeinträchtigungen der Lebensbedingungen gegen den Willen der Betroffenen durchsetzen. Neue Fabriksanlagen werden auch heute noch in dicht besiedelten Wohngebieten oder in Lufteinzugsgebieten von Großstädten gebaut, selbst wenn im vorhinein bekannt ist, daß sie Gestank und Giftgase verbreiten werden. Flüsse werden in stinkende Kloaken verwandelt, Landschaften zubetoniert. Wir sind es gewohnt, die Opfer hinzunehmen, solange die Betroffenen k l e i n e Gruppen sind.

In der Demokratie zählt es zum anerzogenen Gesellschaftsverhalten, Probleme zum Gegenstand von Gruppenkämpfen werden zu lassen, obwohl die Möglichkeit einer sachlichen Klärung dadurch weitgehend verlorengeht. Der demokratische Entscheidungsmechanismus erlaubt es, über Probleme abzustimmen, ohne daß sie vorher befriedigend gelöst worden sind. Im Großparteienstaat neigt man dazu, alle Ergebnisse von Gruppenkämpfen für brauchbare Lösungen zu halten. Unsere Gesellschaft gibt zumeist jenen recht, die am lautesten zu fordern gewohnt sind. Gruppenegoismus darf ungestraft bis zur organisierten Erpressung des Restes der Gesellschaft reichen.

Erfolgsgewohnte Gruppen fragen nicht danach, ob durch ihre Forderungen Härtefälle entstehen, von denen die schlechter vertretenen Randgruppen betroffen werden. Sie stufen Minderheiten als nicht maßgebend ein; Einzelschicksale werden als vernachlässigbar abgetan.

Wir handeln jedoch kurzsichtig, ja blind, solange wir Randerscheinungen unbeachtet lassen oder nicht zu deuten verstehen. Eine Fülle von Hinweisen auf ungünstige Entwicklungen bleiben unbeachtet, bis sie sich zum Schaden aller ausgewachsen haben.

Endlos fortgesetzte Konflikte — wie zum Beispiel die Unruhen in Irland — zeigen erschreckend deutlich, wohin es führt, wenn sich der Zorn der benachteiligten Minderheiten vom Kampf um die eigenen Ziele bis zu Rachsucht und Zerstörungswut steigert.

Der Betroffene verdient daher aus vielen Gründen besondere Beachtung. Er ist ein zuverlässiger Anzeiger für Fehlhaltungen, Fehlentwicklungen und Fehlplanungen, aus denen der Allgemeinheit Schaden erwachsen kann.

Bisher bedarf es großer Massenaktionen, um Beschwerden überhaupt erst öffentlich hörbar zu machen. Der Schwellenwert der Hörbarkeit — etwa einer Bürgerinitiative — liegt so hoch, daß die Geduld und der gute Wille ihrer Initiatoren nicht selten überfordert sind und Radikalismus und Kampfmaßnahmen drohen. Im Ansatz steckt in jeder Bürgerinitiative das Aufbegehren des Bürgers, der sich vom gewählten Volksvertreter schlecht bis gar nicht vertreten fühlt: ein Ausbruchsversuch aus einer erstarrten Demokratie, um durch Selbsthilfe zu erzwingen, was auf gesetzlich vorgesehenem Weg nicht erreichbar war.

Wollen wir dem raschen Wandel der Zeit besser gerecht werden, so dürfen wir nicht nur davon reden, sondern müssen den betroffenen einzelnen endlich zu einem nützlichen Glied in einem Warnsystem machen. Wenn es gelingt, einen Weg freizulegen, auf dem er die Chance erhält — von wirklichkeitsfremder Bürokratie und Amtsgewalt unbelästigt —, an einer friedlichen Entwicklung mitzuwirken, dann wird es ohne Zweifel immer seltener zu revolutionärem, undemokratischem Aufbegehren kommen.

Auch in dieser Hinsicht führt der Weg nur über eine Aufwertung der Aussage des beliebigen einzelnen, um daraus für die Allgemeinheit Nutzen zu ziehen. Was der Betroffene zu sagen hat, kann für die Allgemeinheit selbst dann von Bedeutung sein, wenn seine Darstellung des Problems zuerst mangelhaft ist.

Ein hochentwickelter Sozialstaat würde vor allem auch daran erkennbar sein, daß er sich der Minderheiten annimmt und die Betroffenen schützt. Die gesetzten Maßnahmen der machtausübenden Gruppen dürften sich nicht am Wählerpotential orientieren, also Minderheiten nicht vernachlässigen.

Menschen, die von einer akuten Situation betroffen sind, zeichnen sich durch eine heute vielleicht verschüttete Bereitschaft aus, an der Lösung ihrer Probleme mitzuwirken. Sie haben zu der Realität, von der sie betroffen sind, eine weitaus intensivere Beziehung als die Planer am grünen Tisch. Sie sind durchaus imstande, echte Lösungsansätze für ihren Teilbereich zu liefern, die beispielgebend wirken könnten.

Ihre Bereitschaft zur Selbsthilfe schlägt allerdings in rachsüchtigen Zorn um, wenn die Verantwortlichen bürokratisch oder gar nicht reagieren. Situationen dieser Art müssen unter allen Umständen vermieden werden: durch eine wirkungsvolle Verständigung zwischen den Betroffenen und hilfsbereiten Mitmenschen. Hilfe kann vielgestaltig sein: sie kann darin bestehen, mit den Betroffenen Pläne zur Verbesserung ihrer Lage zu suchen. Es wird aber auch Fälle geben, wo es genügt, die Probleme besser formuliert an die zuständigen Stellen heranzutragen. Einrichtungen, die diese Leistungen anerkennen und die Aussagen der Betroffenen als Warnsignale für die Gesellschaft schnellstmöglich auswerten, hat unser Demokratieverständnis bisher nicht hervorgebracht.

Auch dieser Mangel an Verständigung hat natürlich seine Ursachen. Er wurzelt in der starken Versuchung, auf dem Umweg über Sachzwänge Einfluß zu gewinnen oder mit der „normativen Kraft des Faktischen“ zu spekulieren. Dementsprechend kann man nicht selten Funktionäre, Spezialisten und Experten ihre kleinen Königreiche verteidigen sehen. Wer nicht über geeignete Titel oder über verliehene Würden verfügt, darf es nicht wagen, mit eigenen Ideen in ein fremdes Fachgebiet einzudringen.

Nicht nur, daß er Barrieren geistiger Revierverteidigung, der sprachlichen Verschlüsselung und der Besserwisserei bezwingen muß, vor allem darf er sich nicht des Vergehens schuldig machen, bestehende Machtverhältnisse in Frage zu stellen. Alsbald sieht er sich einem Heer gottähnlicher Experten gegenüber, deren Gutachten, deren maßgeschneiderte Auftragsforschung und Expertisen die starken Trümpfe im Spiel mit der öffentlichen Meinung darstellen.

In den Wertungen, denen die Gesellschaft gehorcht, zählt seit Menschengedenken die Sprache der Macht ungleich mehr als der Wert von Ideen. Die Geringschätzung der geistigen Fähigkeiten des einzelnen, die wir uns auf diese Art — neben allen anderen Wegwerfallüren — leisten, ist unverzeihlich. Wir begegnen ihr auf Schritt und Tritt in jenem Hochmut, der den einzelnen von vornherein für so unfähig erklärt, daß er sich mit dessen Ideen erst gar nicht auseinandersetzen muß.

Wieder haben wir es mit einem Ausläufer eines über Generationen für zweckmäßig gehaltenen Glaubens an die jeweils herrschende Autorität zu tun. Es war stets für viele das einzig Mögliche und daher auch das „Beste“, sich ihrem Urteil zu fügen. Und stets fanden sich Leute, die die geistige Hörigkeit für sich zu nutzen verstanden.

Die Wissenschaft hat man lange für wertfrei gehalten, gleichgültig wem sie gedient hat; bis sie selbst zum Anlaß eines von allen moralischen Bedenken befreiten Wettlaufs in die Unmenschlichkeit wurde.

Nur langsam schwindet die Autoritätsgläubigkeit, durch deren Blindheit allein der Bluff mit den Experten gelingt. Der einzelne täuscht sich, wenn er glaubt, daß es für die Gesellschaftsprobleme der Zukunft Experten gibt.

Die Ratlosigkeit, die sich heute breitmacht, bezieht sich auf die Gegenwart. An den Zusammensetzungen der parlamentarischen Ausschüsse, der Beratungsstäbe von Regierungen der vielen Kommissionen und der Institute mit Forschungsaufträgen von Parteien und Regierungen läßt sich ablesen, wie wenig der einzelne — auch der Mächtige — Fachmann für alle Gesellschaftsprobleme zugleich sein kann. Wenn es um die zukünftigen Zielsetzungen geht, gibt es keinen, der sich als Fachmann bezeichnen dürfte. Darüber sollten weder klingende Namen, noch mächtige Organisationen hinwegtäuschen.

Es hat Zeiten gegeben, in denen der Denkverzicht der Menge das Regieren erleichterte. Heute äußert sich Denkverzicht oft in maßlosen Forderungen, aber auch in der Ablehnung aller Maßnahmen, die persönliche Einschränkungen nötig machen. Da der Wähler in der Demokratie das letzte Wort hat, muß er aus der eingeübten Haltung gedankenloser Unmutsäußerungen befreit werden.

Neue Ideen sind nötig. Sie ergeben sich weder aus dem Blick in die Vergangenheit, noch lassen sie sich von Zukunftsforschern errechnen oder erraten; sie stehen auch nicht zwischen den Zeilen der Ideologen. In Zeiten des Ideennotstandes müssen die Ideen von jedermann von größtem Interesse sein. Es genügt nicht, das Denken an einige wenige Experten abzuschieben. Die Einsicht wird sich durchsetzen müssen, daß der Verstand des Staatsbürgers ansprechbar sein muß; daß er am Ringen um zukunftsweisende Lösungen teilnehmen muß, wenn er in Krisenzeiten auch den äußersten Maßnahmen zustimmen soll. Der einzelne ist zwar nur der kleinste Bestandteil der Gesellschaft, doch er formt sie durch sein Verhalten mit. Seine Durchschnittsfähigkeiten werden sich an den Verhältnissen, in die er hineingestellt ist, zum Guten oder Schlechten weiterentwickeln.

Sehr deutlich muß die Frau in unserer Gesellschaft jenen Ausschließungsdruck, von dem der einzelne betroffen wird, spüren. Geht es um Mitwirkung in gesellschaftlichen Zielsetzungsprozessen, so ist die Frau wesentlich weiter ins Hintertreffen gedrängt als der in irgendwelche Machtstrukturen eingezwängte Mann. Dazu ist viel gesagt und geschrieben worden. Es wäre vermessen, in diesem engen Rahmen zu den vielschichtigen Problemen der Emanzipation Stellung zu nehmen, oder gar mit Beteuerungen Partei zu ergreifen.

Wenn wir hier dennoch Gedanken zu einem der Probleme äußern, so aus einer sehr unbefriedigenden Beobachtung heraus: Bisher scheinen sich nämlich in erster Linie Lösungen abzuzeichnen, die ganz davon abhängen, ob und wie weit es Frauen gelingt, in traditionelle Männerberufe einzudringen und dort in entscheidende Positionen aufzurücken. In dem Umstand, daß Frauen ihre Weiblichkeit verleugnen sollen, um mit männlichen Verhalten und Fehlverhalten jene Anerkennung zu finden, die ihnen den Weg in die Schaltzentralen der Machtapparate ebnet, sehen wir eine der entwürdigenden Besonderheiten unseres Gesellschaftssystems.

Die organisierten Frauenbewegungen sind ein Ergebnis dieser Zwangslage. Sie stellen jene Machtblökke dar, die nötig sind, um in der heutigen, machtbezogenen Gesellschaft einem Änderungswunsch den entsprechenden Nachdruck zu verleihen. Dieser Zwang zur Bildung von Machtblöcken ist auch dann wirksam, wenn die vertretenen Anliegen eher eine Absage an die Macht enthalten. Die friedfertigen Emanzipationsvorstellungen noch so vieler Frauen sind dadurch bisher kaum wirksam geworden. Die Zahl der Menschen, die solche Vorstellungen teilen, gutheißen oder zumindest in ihren Wurzeln nachvollziehen können, scheint bedeutungslos: Immerhin sind mehr als 50 Prozent aller Menschen Frauen.

Solange Frauen nicht in großer Zahl bereit sind, sich in Machtblöcken zu formieren, werden ihre Anliegen von einer machtbezogenen Gesellschaft, die ihre Strukturen auf Gedeih und Verderb erhalten will, diffamiert und unterdrückt werden. So notwendig aus dieser machtorientierten Sicht starke Frauenbewegungen daher sein mögen, ist doch zu befürchten, daß sie die einzelne Frau ebensowenig zu Wort kommen lassen können wie die politischen Parteien den einzelnen Wähler.

Viele Frauen wollen sich einer machtbezogenen Frauenorganisation gar nicht anschließen, weil sie fühlen, daß sie dadurch ihr grundsätzliches Anliegen einer Absage an die Macht bereits verraten. Das ist das Problem aller Menschen, deren Anliegen die Absage an das Machtstreben enthält: Rüstungsgegner, Pazifisten, friedliebende Frauen, so viele es auch sein mögen; sie bleiben in der Öffentlichkeit ohne Einfluß, solange sie sich nicht der machtbezogenen Methoden bedienen, auf die die Gesellschaft anspricht. Dadurch unterstützen selbst jene, die Machthunger und Machtstreben verabscheuen, die machtorientierte Weiterentwicklung der Gesellschaft. Dies ist der Teufelskreis, den es zu durchbrechen gilt. Solange nicht andere Methoden der Mitwirkung zur Verfügung stehen, die auch machtfernen Ideen ihre Chance geben, öffentlich wirksam zu werden, solange muß unsere Gesellschaft machthörig bleiben, wie wenige das auch gutheißen mögen.

So ist es mit ein Ziel dieses Buches, den vielen einzelnen friedliebenden Frauen ein Werkzeug in die Hand zu geben, um ihre Vorstellungen auch ohne Machtorganisation vertreten zu können. Sie könnten auf neue Weise dem alten Machtmotiv ausweichen. Sie sollten es nicht nötig haben, Klüfte aufzureißen und mit dem Mann um die Wette zu raufen, wo Verständigung und Brückenschlagen eine Chance hätten. Eine neue Form öffentlicher Verständigung ist denkbar. Sie wird nicht darauf abzielen, sich andere zu unterwerfen. Aus ihr könnte eine Form des Zusammenwirkens folgen, die ebenfalls nicht auf Unterwerfung aufbaut.

Uns geht es hier um das Werkzeug, die Methode, nicht um ein spezielles Ziel. Wir meinen, es sollte die Methode nicht von sich aus zum Kampf zwingen, vor allem dort nicht, wo die Ziele selbst noch Gemeinsamkeit ermöglichen.

Fast scheint es unnötig, die bereits dargestellten Symptome der Verständigungslosigkeit nun nochmals an der aussichtslosen Lage unserer Jugend deutlich zu machen. Noch ehe junge Menschen wissen, was diese Gesellschaft mit ihnen vorhat, werden sie angehalten, sich rücksichtslos zu behaupten, viel zu verdienen und vor allem viel zu konsumieren.

Wir Erwachsenen können an den Fragen der Kinder erleben, wie kurz die Zeitspannen sind, in denen sie noch unverbildet kritische Fragen stellen. Fragen, die uns Verantwortung in Erinnerung rufen oder uns zu Mitläufern stempeln. Für uns sind die Jahre vergangen, und — was wir nie für möglich gehalten haben — jetzt sind wir mitverantwortlich für die Systeme, die uns aufgezogen und aufgesogen haben. Die jungen Menschen sehen, was wir Alten tun, wie wir es tun, und was zuletzt daraus geworden ist. Und wir setzen hartnäckig alles daran, auch sie wieder in die vorhandenen Strukturen der Gesellschaft hineinzuzwingen. Wir fragen sie nicht nach ihren eigenen Vorstellungen, so als wären Veränderungen für uns undenkbar. Haben sie erst einmal einen Platz im komplizierten Berufsgefüge gefunden, werden sie sehr schnell zu Gefangenen der Systeme, wie wir es bereits sind.

Wenn wir aus den unverbildeten Fragen Jugendlicher lernen wollen, müssen wir sie anhören, bevor sie in die Welt der Erwachsenen hineinwachsen und in ihr bestechlich werden. Das bedeutet für uns, daß wir uns auch mit den naiven, mit einfachen und ursprünglichen Fragen, mit Hoffnungen, Vorstellungen und Ideen der jungen Menschen ernsthaft beschäftigen müssen. Dabei finden wir mitunter wieder, was wir eigentlich selbst gewollt, doch nicht erreicht haben. Ohne unsere Hilfe werden sie aus ihrer anfangs noch schwachen Position heraus nicht viel weiter kommen als wir.

Doch wir schließen sie von frühzeitiger Mitwirkung aus, indem wir an allem, was ist, krampfhaft festhalten. Unser Zögern, unser mangelndes Eintreten für die Ansichten junger Leute treiben sie frühzeitig in ein Verhalten, das nicht neu ist. Theoretisierende Erwachsene sprechen dann von einer Selbstabkapselung der Jugend, als ob man sich durch diese Wortwahl von einer Schuld reinwaschen könnte. Dabei wird völlig übersehen, daß es nicht eine einzige wirksame Einrichtung gibt, in der jeder Jugendliche ohne ideologische Bevormundung und frei von anderen Pflichten zu Wort kommen könnte.

Anscheinend sollen diese jungen Leute nicht an den Strohhalmen rütteln, an die sich viele heute klammern. Sie sollen sich unserer Art von Bildung beugen, sollen ideologisches Lagerdenken und Gruppenegoismus selbst dann noch fortsetzen, wenn dieser Weg in die Selbstzerstörung zu führen droht.

Wenn von dieser Erwachsenenwelt nichts anderes zu erwarten ist, dann liegt tatsächlich die größte Hoffnung in der jugendlichen Erneuerungskraft, wie im jugendlich-kritischen Urteil. Es ist an uns, Voraussetzungen für eine freie geistige Auseinandersetzung zu schaffen, die junge Leute zur Mitsprache ermutigt. Ihre Aussagen müssen in ein Umfeld eingebettet werden, in dem sie sich entfalten und bewähren können, ohne sofort an den Normen des Althergebrachten oder an Hinweisen auf die stets vorhandenen Sachzwänge zu scheitern.

Die Jugendunruhen unserer Tage sind derzeit noch harmlose Erscheinungen, vergleicht man sie mit den — von Erwachsenen hingenommenen — weltweiten Ausschreitungen der Machtpolitik. Sie sind Vorboten einer tiefgreifenden Krise aller auf Gewalt aufbauenden Mächte. Gleichzeitig ist auch die moralische Krise innerhalb machtausübender Gruppen wiederholt sichtbar geworden, ob nun in Form von Korruptionsskandalen, militärischen Eingriffen oder Verfolgung Andersdenkender.

Gerade in schwierigen Zeiten sollten Bedingungen hergestellt werden, unter denen junge Menschen aufgefordert werden, ihre bisher brachliegenden Kräfte, ihre Energie und Intelligenz für den Aufbau ihrer gemeinsamen Zukunft einzusetzen. Wenn wir uns damit begnügen, die uns beherrschenden Umstände unverändert planlos weiterzugeben, ohne durch neue Einsichten begründete Hoffnung zu schaffen, dann dürfen wir von der nachrückenden Jugend keine Begeisterung erwarten.

Aus dieser keineswegs vollständigen Bestandsaufnahme gesellschaftlicher Verständigungslosigkeit kann nur die Forderung folgen, die unterentwickelten Verständigungsbeziehungen des einzelnen zur Gemeinschaft neu zu überdenken. In unserem Zeitalter ist viel von Kommunikation die Rede; von Verständigungseinrichtungen, die den einzelnen mit der Allgemeinheit verbinden würden, ist dagegen wenig zu hören. Zahllose Veröffentlichungen vertreten Standpunkte von Institutionen, die die öffentliche Kommunikation und Meinungsbildung in der Hand haben. Die Mediengesetze der Staaten sind so entworfen, als wäre die Informationsverbreitung den Medien Presse, Rundfunk und Fernsehen vorbehalten. In dieser von Machtinteressen beherrschten Medienwelt kann die Meinung des einzelnen nicht Fuß fassen, findet der einzelne Mensch keine Freiräume für Bewährung, keine Schongebiete, in denen er ungefährdet mit und an der Gemeinschaft lernen kann.

Wir wollen dagegen zeigen, daß in allen kleinen, großen und größten Gemeinschaften die Meinung des beliebigen Einzelmenschen aus vielen Gründen von Interesse sein muß. Wenn geeignete Verhältnisse der Verständigung hergestellt werden, wird der einzelne das Interesse der Gemeinschaft an seiner Mitwirkung nicht unbeantwortet lassen.

Wie diese Verhältnisse aussehen müssen, bedarf grundsätzlicher Überlegungen. Neue Erkenntnisse sind sicher nicht dadurch zu gewinnen, daß wir in die aktuelle Mediendiskussion einsteigen. Zwar geht es dort um entsprechende neue Einrichtungen der Kommunikation, mit denen schriftliche Informationen über die Fernsehschirme ins private Heim gesendet oder von dort abgerufen werden können, doch zeigt die öffentliche Auseinandersetzung nur das Ringen der meinungsbildenden Institutionen um das Vorrecht, die neuen Einrichtungen betreiben zu dürfen.* Wie so oft läuft die Entwicklung auf den ausgefahrenen Gleisen weiter und wird von den mächtigen Institutionen in Zusammenarbeit mit dem Gesetzgeber in immer derselben Richtung geplant und fortgesetzt.

Die in diesem Buch ausgeführten Vorschläge könnten der öffentlichen Diskussion um medienpolitische Geschäfts- und Machtinteressen ein neues Ziel setzen, ein Ziel, das bisher in keiner Weise angeklungen ist: die vorhandenen und zukünftigen Verständigungseinrichtungen aus der Sicht des einzelnen Staatsbürgers mit Sinn zu erfüllen.

* Bildschirmtext, Teletext usw.

3

BESTEHENDE ANSÄTZE DER VERSTÄNDIGUNG

Wie aus den bisher angestellten Überlegungen hervorgeht, hat sich das menschliche Zusammenleben Bedingungen untergeordnet, unter denen sich Wege der Verständigung des einzelnen mit der Gesellschaft kaum anbahnen konnten. Es fehlten und fehlen sowohl die organisatorischen als auch die moralischen Voraussetzungen dazu. Über die Folgen, die sich aus der Verständigungslosigkeit für unsere Gesellschaft laufend ergeben, haben wir uns in den vorangehenden Kapiteln ein Bild gemacht.

Demgegenüber sind hochwirksame Verständigungssysteme entwickelt worden, die nicht dazu bestimmt waren, das Verständigungsbedürfnis des einzelnen zu erfüllen. Mit diesen Verständigungseinrichtungen im Dienste zentraler Machtapparate werden wir uns später ausführlich beschäftigen. Weitaus wichtiger sind hier jedoch die Verständigungsformen, in denen nicht die Interessen der Macht die treibende Kraft sind. Einige Beispiele sollen zeigen, wie verschieden ihre Wirkungsweisen und Einflüsse sind. Die Gesellschaftsbereiche, die sich ihrer bedienten, sind durch sie ausschlaggebend mitgeformt worden. Eigenheiten der Verständigungsverfahren haben über Lebensfähigkeit oder -unfähigkeit der Gemeinschaften entschieden, die auf sie angewiesen waren.

Keine der nun folgenden Formen kann als Vorbild für die von uns angestrebte Verständigung dienen. An ihnen kann jedoch der Zusammenhang zwischen den Grundsätzen, auf denen sie aufbauen, und den Wirkungen, die sie in der Gesellschaft hervorrufen, studiert werden. Es wird erkennbar, in welcher Weise sie den Bedürfnissen des einzelnen entgegenkommen und wo sie sie nicht erfüllen. Ihre Vorzüge und Mängel sollen uns dazu dienen, Richtlinien abzuleiten, nach denen ein soziales Verständigungssystem entworfen werden müßte.

Stufen der Verständigung

Die Entwicklung der menschlichen Verständigung ist auf das engste mit einem allmählich zunehmenden Wissen und Können verbunden. Als erste geschichtliche Stufe kann das Erlangen der Fähigkeit angesehen werden, Empfindungen und Gedanken hörbar auszudrücken. Von den einfachen Urlauten und Geräuschen mit Bedeutungsinhalt führt ein langer Weg bis zur ausdruckstarken Hochsprache. Die Fähigkeit, Sprachen zu verstehen und zu sprechen, wird in allen Kulturkreisen von jeder Generation erlernt und weitergegeben.

Die nächste geschichtliche Entwicklungsstufe der Verständigung können wir in ihrer vollen Bedeutung sofort erkennen, wenn wir an die Analphabeten in der heutigen Weltbevölkerung denken. Sie sind auf das gesprochene Wort angewiesen, an seine Flüchtigkeit und geringe Reichweite gebunden. Gedanken, die sie bewahren wollen, müssen sie im Gedächtnis behalten.

Sie verfügen vielleicht über Zeichen und Zeichnungen, doch gelingt es ihnen nicht, ihre S p r a c h e aufzuzeichnen.

Schreiben und lesen zu können bedeutet für den einzelnen, Gedanken nach eigenem Ermessen für immer festhalten, aufbewahren und zu beliebiger Zeit wieder wachrufen zu können. Mitteilungen, Aussagen und Gedanken sind durch die Schrift aus ihrer Bindung an Zeit und Ort gelöst worden. Beliebig umfangreiche Inhalte können, schriftlich aufgezeichnet, auch an entfernte Orte verschickt und unbegrenzt lange aufbewahrt werden.

In der Folge gelingt durch die Erfindung des Buchdrucks die beliebige Vervielfältigung der geschriebenen Texte. Jahrhunderte später führen Telefon, Fernschreiber und Rundfunk dazu, daß Nachrichten augenblicklich verbreitet werden können.

Wie sich bereits abzeichnet, befindet sich die Zivilisation der Gegenwart am Übergang zu einer nächsten Stufe der Verständigung. Gedanken lassen sich nun in großer Zahl speichern und so ordnen, daß sie durch gezielten Zugriff sofort wieder aufgerufen und verbreitet werden können. Während die Schriften unserer Vorfahren in Bibliotheken verstauben und ihre Gedanken von jedem einzelnen nur mit großem Zeitaufwand wieder ausgegraben werden können, erlauben heute computerunterstützte Bildschirmsysteme blitzschnellen Zugriff auf Texte, die in riesigen Datenbanken in aller Welt gespeichert sind. Abfragesysteme dieser Art sind in der Fachwelt bereits selbstverständlich geworden. Der Lernvorgang, der notwendig sein wird, diese Mittel für gesellschaftliche Verständigung zu nützen, hat noch nicht eingesetzt.

Ansätze für freie Verständigung

Das direkte Gespräch ist sicher einer der unmittelbarsten Wege zur Verständigung mit dem Nächsten. Weit über den reinen Informationsaustausch hinaus lassen sich gefühlsmäßige Kontakte herstellen. Selten wird die Persönlichkeit so gefordert wie bei einer aufrichtigen, tiefgehenden Aussprache.

Auch für die Gesellschaftsentwicklung war das gesprochene Wort von besonderer Bedeutung. Die bereits erwähnten Einschränkungen gesprochener Verständigung gaben einen Boden ab, auf dem Macht Fuß fassen konnte. Auf ihm haben sich die Machtstrukturen entwickelt, die den Lauf der Geschichte kennzeichnen: Echte Zwei-Weg-Verständigung innerhalb größerer Menschenmengen und über weitere Entfernungen war für die auf reine Sprechverbindung angewiesenen Menschen weitgehend unmöglich. Das verständigungslose Durcheinander, welches früher zwischen den auf reine Sprechverständigung angewiesenen Menschen notgedrungen herrschte, ließ sich leicht für die Zwecke der Macht ausnützen. Ein kleiner, aber gut organisierter Kern einer Gruppe konnte sich seine verständigungslose Umgebung stets unterwerfen. Die einfache Tatsache, daß koordinierte Gruppen im Kampf stärker sind als unkoordinierte, hat bewirkt, daß der Ausbreitung der Macht durch die unkoordinierte Umgebung keine Grenzen gesetzt werden konnten. Machtblöcke überzogen das Land, und ihre Ausbreitung wurde nur aufgehalten, wenn sie an die Grenzen eines anderen, ebenfalls gut koordinierten Blockes stießen. Die Räume, die noch nicht einer Macht unterworfen waren, blieben durch das Fehlen wirksamer Verständigung wehrlos. Sie wurden von den geballt vorstoßenden Mächten unweigerlich verschluckt. Was übrig blieb, war die geschichtliche Entwicklung der sich reibenden Machtblöcke, in denen Menschen keine Rolle spielten. So schließt sich der Kreis: Die Vergangenheit der Staaten ist vom Kampf um die Macht geprägt. Staatsgrenzen sind die Stoßstellen nahtlos aneinandergrenzender Hoheitsgebiete.

Die Rolle der Verständigung als Gegenpol zur Machtentfaltung wird ersichtlich, wenn man bedenkt, daß es in den funktionsfähigen Demokratien kaum Analphabeten gibt. Durch die größere Reichweite von Schrift und Papier als Träger der Verständigung bei gleichzeitiger Freiheit der Information ist dort ein Klima geschaffen worden, das dem willkürlichen Ausbreiten von Macht weit weniger zuträglich war als die nur gesprochene Verständigung. Gleichwohl ist das Gefälle zwischen den machthabenden Organisationen und den Menschen im Staat bestehen geblieben, gerade weil jene, die über genügend Mittel verfügten, ihre Meinungen schriftlich zu verbreiten, ihre Macht verstärken konnten.

Bleiben wir aber vorerst noch beim gesprochenen Wort. Der mündlichen Verständigung haften eine Reihe von Mängeln an, die sie als Grundlage für soziale Kommunikation zwischen vielen Menschen ungeeignet machen. Neben der Flüchtigkeit des gesprochenen Wortes und dem meist schnellen Wechsel von Rede und Gegenrede bewirken unbewußte, psychisch bedingte Faktoren, daß sehr oft formale, nebensächliche Einzelheiten über die Wirkung einer Äußerung, einer Rede entscheiden. Ihr eigentlicher Inhalt wird darüber vernachlässigt. So können die Formulierungskunst eines Diskussionsredners, die Selbstsicherheit seines Auftretens, der Zeitpunkt seiner Wortmeldung, seine Gestik etc. wesentlich wirkungsvoller für die Aufnahme seiner Äußerung durch die Zuhörer sein als ihr Inhalt. Und manch wichtige Äußerung geht, schlecht gebracht, neben einer bedeutungslosen, gut gebrachten unter.

Aufgrund der geringen Reichweite gesprochener Verständigung bleibt es weitgehend dem Zufall überlassen, ob Menschen aufeinander treffen, die einander etwas zu sagen haben. Niemandem ist es anzusehen, mit welchen Problemen er sich beschäftigt. Umgekehrt ist selbst in einer versammelten Runde nicht zu erkennen, wer über geeignete Erfahrung verfügt und bereit ist, Rat zu geben. Und selbst wenn die geeigneten Partner aufeinander treffen, kommen sie oft nur durch Zufall auf das Thema, bei dem sie die überraschende Erfahrung machen, daß sie einander auf wertvolle Weise ergänzen.

In einem großen Versammlungssaal verschmelzen Hunderte einzelner Gespräche zu einem Lärm, dessen ursprünglicher Informationsgehalt für das Ohr verlorengeht. Erst wenn sich alle der Weisungsmacht eines Gesprächsleiters unterordnen, kann ein sehr eingeschränkter Verständigungsvorgang stattfinden. Dabei entstehen sofort die heiklen Fragen der Worterteilung und des Wortentzugs — selbst wenn es dabei zu keinen Auseinandersetzungen kommt. Im Falle von Streitgesprächen bedarf es eines anerkannten und wirksam eingreifenden Ordnungshüters, der die streitenden Parteien auf geregelte Weise zu Wort kommen läßt. Folgerung: Das gesprochene Wort, gleichgültig ob im Versammlungssaal, im Rundfunk oder Fernsehen, ist kein günstiges Medium für die machtfreie Verständigung beliebig vieler Teilnehmer. Zukünftige soziale Verständigungssysteme müssen jedoch eine unbegrenzte Teilnehmerzahl möglich machen. Dabei sollte aber deutlich gesehen werden, daß es nicht Ziel eines sozialen Verständigungsverfahrens sein kann, persönliche Kontakte zu ersetzen, vielmehr sollte das Verfahren neue Anknüpfungspunkte für persönliche Kontakte entstehen lassen. Der Verfasser einer Schrift kann zum Beispiel wesentlich mehr Menschen erreichen, als er es mündlich könnte. Anhand der Antworten, die er auf seine schriftlichen Mitteilungen bekommt, wird es ihm möglich gemacht, weitreichendere persönliche Kontakte zu knüpfen, die ihm sonst verschlossen geblieben wären. Demnach können wir das aufgezeichnete Wort als ein Mittel der Verständigung des einzelnen mit vielen anderen Menschen für geeigneter ansehen als das gesprochene.

Als Verbindung zwischen einem Verfasser und seinen Lesern kommt das Buch einem sozialen Verständigungssystem schon wesentlich näher. Als Ausgangspunkt vieler Geistesströmungen zeugt es von der Kraft, die aus ihm sprechen kann. Nicht grundlos ist die genaueste Kontrolle der aufgelegten Bücher wesentliches Anliegen aller totalitären Staaten.

Der freie Buchmarkt lebt jedoch nur zu einem sehr geringen Teil vom Verständigungsbedürfnis seiner „Teilnehmer“. Er richtet sich in erster Linie nach kommerziellen oder ideologischen Gesichtspunkten aus.

Dadurch ergibt sich eine ‚de facto'-Einschränkung der Themenwahl, der Darbietungsart, als auch des geförderten Autorenkreises. Berühmte Autoren-Namen „ziehen". Gängige Unterhaltungs-Klischees müssen befriedigt werden. Eine gewisse Linie muß vertreten werden.

Der persönliche Aufwand, den das Schreiben eines Buches erfordert, schränkt den Autorenkreis weiter ein. Welcher Durchschnittsbürger hat schon Zeit, Muße und Energie, neben seinem Beruf ein ganzes Buch zu schreiben, zum Beispiel, weil er einen Vorschlag vielen Menschen nahebringen will? Die Zeitspanne, die vom Aufkeimen der Idee bis zu ihrem Erscheinen als fertiges Buch vergeht, verhindert Stellungnahmen in Buchform zu kurzzeitig aktuellen Themen. Der finanzielle Aufwand verhindert Stellungnahmen zu lokalen Themen.

Dennoch ist die weltweite Einflußkraft eines Autors durch sein Buch — wenn ihm einmal der Durchbruch gelungen ist — nicht zu unterschätzen. Karl Marx, Nietzsche, Solschenizyn etwa sind berühmte Beispiele. Nicht zuletzt zeigt auch die Bibel, welche Einflußkraft über ein Buch zur Wirkung kommen kann.

Trotz aller Widernisse ist das Buch ein Ausdrucksmittel des Individuums, das auf diesem Weg in Kontakt zu einer breiten Leserschaft tritt. Das Buch bietet die Möglichkeit, auch sehr unkonventionelle Ansichten und gegen die Interessen der herrschenden Machtgruppen zu veröffentlichen — man denke etwa an die vielen auf dem „Index" stehenden Bücher.

Wohl am ehesten erkannt und seiner Bedeutung entsprechend eingesetzt wurde der freie Gedankenaustausch in einigen Bereichen der wissenschaftlichen Welt. Die Fortschritte wissenschaftlicher Forschung wären ohne den regen Gedankenaustausch in Veröffentlichungen, bei Kongressen und Symposien kaum denkbar. In den verschiedenen Wissenschaftszweigen, vor allem in den „exakten" Wissenschaften, wurde erkannt, wie wertvoll der Austausch von Erfahrung für den gemeinsamen Erkenntniszuwachs ist. Die Forderung nach vorurteilsfreier, objektiver Betrachtungsweise erleichterte die Verständigung der Fachleute.

Andererseits darf nicht übersehen werden, daß sich wissenschaftliches Forschen jeweils auf ein enges Spezialgebiet bezieht. Die Spezialisierung wurde so weit getrieben, daß sich Wissenschaftler aus verschiedenen Forschungsbereichen kaum noch verständigen können.

In einigen dieser abgesonderten Fachgebieten ist es gelungen, eine Art machtfreien Raumes zu schaffen, in dem jeder Spezialist gleichberechtigt zu Wort kommen kann.

Ein Erlebnis aus der Zeit um 1957, als die Sowjetunion den ersten Erdsatelliten (Sputnik) in den Weltraum schoß, soll zeigen, daß selbst strategisch wichtige Quellen der Wissenschaft nicht immer machtpolitischen Einschränkungen unterworfen sind. Ein Studienkollege beherrschte Russisch. Er war über die elektronischen Steuerungssysteme der russischen Raumfahrttechnik gut informiert. Ihm wurde sehr früh der Start des Sputnik und die dahinterstehende Elektronik aus der einschlägigen russischen Fachliteratur bekannt. Jahre später war in der westlichen Presse zu lesen, wieviele Millionen Dollar der amerikanische Geheimdienst aufgewendet hatte, um die steuerungstechnischen Daten des ersten sowjetischen Erdsatelliten auszuspionieren.

Spezialisten können Informationen auch über Grenzen hinweg verstehen, ohne sich von Machteinflüssen behindert zu fühlen. Die Informationssysteme der Machtpolitik liegen auf einer anderen Ebene.

Je mehr aber Wissenschaft in die Einflußbereiche der Politik gerät, desto weniger kann sie als Vorbild für machtfreie Formen der Verständigung dienen. Der Ausschließungsdruck eines nur scheinbar wertneutralen Gedankenaustausches wird dann zweifach wirksam: nicht jedermann darf sich zu Wort melden, sondern nur Spezialisten eines sehr engen Fachgebietes; nicht jeder Spezialist eines Fachgebietes darf sich zu Wort melden, sondern nur der von der herrschenden politischen Führung anerkannte Personenkreis. Das Machtsystem der Politik hat sich auf die Wissenschaft, die Besetzung der Planposten und die Bewertung der Ergebnisse übertragen.

Würden wir alles, was an diesem Beispiel an negativer Entwicklung zu erkennen ist, ins Positive umkehren, so ließen sich wahrscheinlich einige Ansätze einer allgemein zugänglichen Verständigung finden. Uns genügt jedoch einstweilen der Hinweis auf die überragende Bedeutung der Verständigung für eine gemeinsame geistige Entwicklung, die gerade am Fortschritt der Wissenschaft erkennbar ist.

Nun zu einem weiteren Verständigungssystem, das Teilelemente eines machtfreien Raumes verwirklicht. Wie sehr Verständigungssysteme gesellschaftliche Strukturen prägen, erkennt man am Beispiel von Post und Telefon. Unsere arbeitsteilige Marktwirtschaft mit ihren weitmaschigen Verflechtungen hätte sich ohne die Benützung von Post und Telefon nie in dem Ausmaß entwickeln können. Der gesetzliche Schutz von Brief- und Telefon-Geheimnis hat die Entwicklung des wettbewerbsorientierten Wirtschaftssystems maßgebend mitbestimmt.

In demokratischen Staaten hat der Gesetzgeber dem Bedürfnis nach Verständigung und dem Wunsch nach Geheimhaltung durch geeignete Gesetze Rechnung getragen. In diesem Fall liegt nun aber die entscheidende Beschränkung der Verständigung wieder anderswo. Obwohl dem einzelnen frei zugänglich, bleibt die Verständigung auf zwei oder wenige Partner beschränkt.

Der Sonderfall der Postwurfsendungen ist eigentlich nur als Einweg-Verständigung wirksam, für den einzelnen aber weder sinnvoll noch erschwinglich.

Trotzdem verdient die in diesen Verständigungsräumen gesetzlich garantierte Machtfreiheit Erwähnung: Niemand kann auf das Einfluß nehmen, was ich ins Telefon spreche, niemand hat das Recht, den von mir geschriebenen Brief zu verändern.

An den betrachteten Beispielen ist zu erkennen, wie Verständigung unter Menschen konsequent immer nur unter strengen Einschränkungen stattfindet: Einem verhältnismäßig kleinen Autorenkreis gelingt es, über das Medium Buch seine Mitmenschen zu erreichen, diese aber können nicht antworten; Spezialisten in einem engen Fachgebiet finden unter sehr spezialisierten Bedingungen zu einem freien Gedankenaustausch, sofern sie bei ihrem Spezialthema bleiben; buchstäblich jedermann kann heute zum Telefon greifen, doch er erreicht damit nur einen oder wenige Gesprächspartner; einer begrenzten

Zahl von Menschen kann man auch noch Briefe schreiben . . .

Wie steht es nun mit dem Leserbrief an eine Tageszeitung, der ja immerhin viele Leser erreicht? Die Leserbriefspalten der Zeitungen zeigen deutlich das Verständigungsbedürfnis, das Leser einer Zeitung dazu treibt, selbst zur Feder zu greifen.

Leider kommt die Zeitung diesem Bedürfnis nicht entsprechend entgegen, da ihre Interessen von denen des Einsenders grundverschieden sind. Gemessen am Raum, der der Leserbriefspalte zur Verfügung gestellt wird, ist sie als untergeordneter Bestandteil der Zeitung zu erkennen. Da sie aber trotzdem zu den meistgelesenen Rubriken zählt, wird sie in das Arsenal der Köder eingereiht, die die Zeitung einem breiten Leserpublikum möglichst schmackhaft machen sollen. Dementsprechend ist das Hauptziel der Leserbriefspalte nicht die unmittelbare Verständigung einzelner Menschen zur Lösung von Problemen, sondern eine kurzlebige Breitenwirkung durch Erregen von Interesse ohne beabsichtigtes Ergebnis.

Die Leserbriefe werden von der Redaktion diesen Gesichtspunkten getreu gesiebt, mit willkürlichem Titel versehen, inhaltlich durchaus auch beschnitten und bunt zusammengewürfelt veröffentlicht. Die Leserbriefspalte unterscheidet sich im allgemeinen von einem wirksamen Verständigungssystem durch den willkürlichen Eingriff der Redaktion und durch das Fehlen jeglicher Organisation, anhand welcher ein gezieltes Durchdenken und Nachvollziehen der dargebotenen Meinung erst möglich wäre. Vergleichbar ist das Kunterbunt in der Leserbriefspalte mit einem undifferenzierten Stimmengewirr im Gegensatz zu einem überlegten und geordneten Gedankenaustausch.

Daneben erdrücken die übrigen Schwerpunkte der Zeitungen die Bedeutung des Leserbriefkastens. Vor allem die Leitartikel von Berufsjournalisten heben die Meinung ihres Autors schon rein optisch vor der auf wenige Zeilen beschnittenen und an unbedeutende Stelle gesetzten Meinung des Leserbriefschreibers als unvergleichlich bedeutungsvoller hervor.

Der Leserbriefkasten ist sicherlich ein positives Angebot an den Leser, der davon Gebrauch machen kann oder auch nicht, ohne daß ihm Verpflichtungen irgendeiner Art erwachsen. Leider verhindern die übrigen, von den Zeitungsinteressen geprägten Umstände der Auswahl und Placierung der Briefe, daß aus dem Leserbriefkasten ein echtes Forum werden könnte, mit ernstzunehmender geistiger Auseinandersetzung zwischen breitesten Bevölkerungskreisen.

Dies wird auch noch dadurch verhindert, daß der Verbreitungsbereich von Zeitungen sehr oft durch ideologische Gesichtspunkte eingeschränkt ist (Parteizeitungen). Nebeneinander erscheinende Zeitungen stehen meist in härtestem Konkurrenzkampf, so daß ein Gedankenaustausch über den Erscheinungsbereich hinweg praktisch völlig unmöglich ist. Wieder stehen wir vor einem Beispiel nachdrücklich eingeschränkter Verständigung, das, wenn seine Mängel beseitigt würden, durchaus als teilweise Verwirklichung einer machtfreien Verständigung angesehen werden könnte.

Dem Leser einer Zeitung wird noch eine andere Art der schriftlichen Äußerung zugestanden, die der Betrachtung wert ist. Annoncensysteme haben für uns beispielhafte Bedeutung. Sie zeigen, daß Umstände herstellbar sind, unter welchen Äußerungen von beliebigen Personen, Gruppen oder Institutionen an die Öffentlichkeit gebracht werden können. Der Inhalt der Annonce ist dabei vom Auftraggeber frei wählbar und zumeist nur durch die Grenzen des guten Geschmacks und der rechtlichen Vertretbarkeit eingeschränkt. Die gesetzten Grenzen sind für alle gleich. Wer bereit ist zu zahlen, mag annoncieren, was immer er will; unabhängig von seiner Person — um die sich der Betreiber des Annoncensystems gar nicht kümmern will.

Verständigung durch Annoncensysteme wird jedoch immer hauptsächlich auf wirtschaftliche Zwecke des Angebotes und der Nachfrage beschränkt bleiben. Hohe Kosten verhindern wortreiche Mitteilungen oder Auseinandersetzungen über Themen, die keinen Ertrag versprechen. Außerdem erfolgen Antworten nicht mehr für alle sichtbar auf gleichem Weg, sondern erreichen unter Ausschluß der Öffentlichkeit nur mehr den Auftraggeber.

Dennoch dienen Annoncensysteme in beschränktem Maß auch der sozialen Verständigung. Wir denken hier an Heiratsannoncen als eines der Beispiele, in welchen sich das Bedürfnis des Individuums nach Miteinander im wahrsten Sinne des Wortes ausdrückt.

Eine einfache, jedermann zugängliche Verständigungsrichtung ist das Anschlagbrett. Das uralte einfache Anschlagbrett, auf das jeder sein Zettelchen hängen kann, hätte eine Art machtfreier Raum sein können. Doch gerade an diesem Beispiel wird deutlich, wie gefährdet die freie Verständigung sein kann, sobald sie unter den Augen einer kontrollierenden Macht stattfindet.

Das war vielleicht auch der Grund, warum auf Anschlagbrettern nie viel mehr zu lesen war als Angebote über Güteraustausch oder Suchanzeigen über verlorene Gegenstände oder einen entlaufenen Hund.

Das Anschlagen von Zetteln — vor allem von bedrucktem Papier an dafür vorgesehenen Stellen — war früher ein Mittel der Kundmachung, also ein Vorrecht der Obrigkeit. Der einfache Bürger konnte an diesen Orten seine Zettel nicht aushängen.

Martin Luther hat seine 95 Thesen an einem Ort angeschlagen, der nicht als Anschlagbrett vorgesehen war. Das Tor der Schloßkirche zu Wittenberg war ein Tor, durch das viele Menschen schritten. Es war nicht das Beispiel eines machtfreien Raumes. Luther aber mißachtete die Mächte, die ihm das Wort verbieten wollten, und löste mit seiner Lehre eine der gewaltigsten Bewegungen der europäischen Geistesgeschichte aus.

Ein anderer historischer Verständigungsraum findet sich in London. An einer Ecke des Hydeparks darf jeder, der es sich zutraut, auf eine Kiste steigen und frei zu allen jenen sprechen, die ihm zuhören wollen. Er genießt dabei das Recht völliger Redefreiheit. In diesem Fall hat die herrschende Staatsmacht ausdrücklich auf jede Bestrafung und Verfolgung verzichtet, was immer auch die Redner sagen würden.

Nun aber liegt die Einschränkung wieder woanders, nämlich in der Reichweite der Verständigung. Der Mann, der dort auf seine Seifenkiste steigt, ist auf zehn bis zwanzig Meter hörbar. Das gesprochene Wort verhallt, ohne aufgezeichnet zu werden. Dreißig bis vierzig Menschen haben es gehört und gehen nachdenklich oder schmunzelnd weiter.

Aus dieser Ecke des Hydeparks konnte keine umwälzende Geistesströmung kommen. Hier konnten sich Mächtige großzügig erweisen, denn es wäre nicht der Mühe wert gewesen, diese Form der Verständigung zu überwachen.

Daß dennoch jährlich tausende Touristen zum berühmten Speaker's Corner im Hydepark pilgern, zeigt nur, um wieviel weniger sich der Mensch des Alltags von seinem Recht auf freie Meinungsäußerung erwartet. Verglichen mit seiner bescheidenen Verständigungsmöglichkeit ist dieser Ort allemal noch außerordentlich.

Unsere Suche nach Elementen für einen machtfreien Raum hat nun hinreichend viele Gesichtspunkte ergeben, die aus den Negativbeispielen ein positives Modell entstehen lassen könnten. Zuvor soll aber noch eine andere Form der Verständigung, diesmal mit einem sehr wertvollen Hintergrund, Erwähnung finden.

Ein Beispiel weltweiter Verständigung

Als auf Anregung von Henri Dunant im Jahr 1864 das Rote Kreuz gegründet wurde, war es sein Ziel, die Verwundeten auf dem Schlachtfeld nicht wie Tiere verrecken zu lassen. Diese Idee sollte bald wesentlich mehr Früchte tragen, als ihr Urheber vermutet haben mochte. Das Rote Kreuz blieb nicht auf das Schlachtfeld beschränkt, auch im zivilen Leben wurde es zu einer internationalen Hilfsorganisation, die von niemandem abgelehnt wurde.

Doch diese Idee machte sich noch weiter selbständig. Rot-Kreuz-Fahrer, die im Krieg durch ihre Hilfeleistung mit feindlichen Verwundeten in menschlichen Kontakt kamen, erkannten die Brücke der Verständigung, die sich damit auftat. Sie gründeten nach dem Krieg eine Organisation mit dem Ziel, die Verständigung mit den ehemaligen Feinden und mit anderen Nationen auszubauen, um weitere Kriege zu verhindern.

Ursprünglich war die Arbeit der Organisation auf den Austausch von jungen Amerikanern mit Schülern und Studenten anderer Staaten beschränkt. Inzwischen überzieht die Organisation bereits die ganze Welt. Junge Leute verbringen jedes Jahr einige Monate, auch das ganze Jahr, als Gäste von Familien im Ausland. Sie lernen das Land, seine Leute und ihre Sprache kennen, lernen einander verstehen und die Verständigung aufrechtzuerhalten.

Henri Dunant konnte die Entwicklung seiner Idee nicht annähernd vorausahnen. Der menschliche Wert der Idee, der für alle sichtbar wurde, ließ sie über den Einfluß ihres Urhebers hinauswachsen. Aus der Hilfe an den einzelnen mitten im Krieg ist der Wunsch nach Verständigung mit dem einzelnen erwachsen, mit dem Ziel, einen weiteren Krieg zu verhindern, aber auch weit darüber hinaus menschliche Beziehungen herzustellen.

An diesem Beispiel interessiert der Werdegang einer Idee, die niemand ablehnen konnte, sofern er keine böswilligen Absichten verfolgte. Daher wurde sie auch verwirklicht und konnte alle politischen Gräben und Grenzen überspringen.

Auch dies sollte bei der Entwicklung eines sozialen

Verständigungssystems nicht vergessen werden. Zwischen Wertvollem und Hinderlichem zu unterscheiden und sorgfältig auszuwählen, ist nun die weitere Aufgabe.

II

DAS NEUE VERSTÄNDIGUNGSVERFAHREN

4

PRINZIPIEN IM MACHTFREIEN RAUM

Das Ziel dieses Buches ist es, soziale Verständigung in Gang zu setzen. Wir verstehen darunter das Angebot an jeden einzelnen, mit allen seinen Bedürfnissen, Problemen, Beobachtungen, Vorschlägen und Ideen an die durch Verständigung verbundene Gemeinschaft herantreten zu können. Die Verständigungsgemeinschaft soll an Grenzen nicht gebunden sein, der einzelne soll seine Aussagen an jede von ihm gewünschte Zielgruppe richten können.

Dadurch sollen Schäden der Verständigungslosigkeit behoben werden. Der einzelne soll sich willkürlichem Machtgebrauch einzelner Personen oder allgewaltiger Institutionen nicht ausgeliefert fühlen, ihnen nicht alleine gegenüberstehen, sondern in der Gemeinschaft Unterstützung finden. Machtfreiheit im Verständigungsraum bedeutet weiters die ausnahmslos gleiche Behandlung aller Aussagen, die von den Teilnehmern kommen. Dazu ist eine Verständigungseinrichtung nötig, wie es sie heute nicht gibt. Eine Einrichtung müßte das sein, die dem Wunsch nach Verständigung zum Durchbruch verhilft, die jedem offensteht; ein System von Vereinbarungen und Verfahren, das jeden in gleich wirkungsvoller Weise unterstützt, seine Meinung anderen zugänglich zu machen; ein machtfreier Raum, in dessen Schutz beliebige Kontakte hergestellt werden können: ein machtfreier Verständigungsraum, dessen Benützung für jeden ohne Aufwand möglich ist.

Obwohl anzunehmen ist, daß jeder machtfreie Raum zuallererst machtfreie Verständigung voraussetzt, soll der Begriff für unsere weitere Betrachtung enger gefaßt werden. Wir sprechen ab hier vom „machtfreien Verständigungsraum", der vielleicht nur ein Beispiel möglicher anderer machtfreier Räume zwischen Menschen ist. Die Prinzipien, von denen nun die Rede sein soll, werden allerdings in jedem machtfreien Raum erfüllt sein müssen.

Der machtfreie Verständigungsraum stellt für uns die konsequente Fortsetzung des Demokratiegedankens dar; einen nächsten und nötigen Schritt, um den Bürger aus den hemmenden oder unterdrückenden Zugriffen des Obrigkeitsstaates zu befreien. Er soll das in einer Gesellschaft nötige Gefühl des Miteinander begründen helfen. Und er soll dem Einzelbürger das ihm zustehende Maß an Mitgestaltung der Zukunft seiner Gesellschaft ermöglichen, indem er ihm ein Forum bietet, in welchem seine Vorschläge und die von ihm erkannten Probleme verbreitet und diskutiert werden.

Diese Ziele setzen den Ausschluß von Machteinflüssen im Verständigungsraum voraus. Aufgrund der heutigen Rechtslage ist die maximale Freiheit, die wir fordern können, die Freiheit der Äußerung, wie wir sie vom Annoncensystem kennen. Das heißt, innerhalb der durch das Medium gegebenen und für alle Teilnehmer gleichen Grenzen bestimmt niemand außer dem Urheber einer Aussage Art, Größe und Inhalt der Äußerung. Dieses Prinzip ist im Annoncensystem von der Bezahlung abhängig. Im machtfreien Verständigungsraum muß der Grundsatz gelten, daß jedem Teilnehmer ohne Rücksicht auf seine Finanzkraft genau die gleichen Möglichkeiten gewährleistet werden.* Er soll die Gewähr haben, daß der von ihm gewünschte Wortlaut in der von ihm gewünschten Rubrik eingeordnet wird und seinem Entwurf entsprechend auch erscheint. Keine Zeitung der Welt würde Heiratsannoncen zurückweisen oder abändern, nur weil der gesuchte Typ nicht dem Geschmack der Redakteure entspricht.

Die Freiheit des Bürgers, Inhalt, Form und Zeitpunkt des Erscheinens seiner Äußerung frei und ohne Eingriffe anderer bestimmen zu können, muß mindestens vorausgesetzt werden. Aufgrund der bestehenden Rechtslage erscheint es unmöglich, den Bürger auch vor den möglichen negativen Folgen seiner Äußerung zu schützen, ihm etwa bezüglich seiner Äußerungen im machtfreien Verständigungsraum eine Immunität zu gewähren, ähnlich, wie sie die Abgeordneten im Parlament besitzen. Die weitere Entwicklung, die hier weder abgesehen noch vorweggenommen werden kann, wird zeigen, ob ein besonderer Schutz wünschenswert und möglich ist.

Wichtiger als weitergehende Freiheiten scheint uns derzeit eine Absicherung des Verständigungsverfahrens gegen versteckte Eingriffe unter dem Deckmantel der Bürokratie. Es sollte ganz klar gesehen werden, daß die scheinbar so wertneutralen, sachbezogenen Zwänge der Bürokratie zum Vorwand einer neuen Art von versteckter Machtgier werden können, sich über

* Finanzierungsfragen werden später noch behandelt.

den Menschen hinwegzusetzen und ihm ihre Gesetze ohne Rücksicht auf seine Bedürfnisse aufzuzwingen. Es müssen also alle Voraussetzungen geschaffen werden, die es Menschen von vornherein unmöglich machen, über den Umweg von bürokratischen Verfahrensfragen Macht auszuüben. Wie wir später zeigen werden, ist es möglich, administrative Verfahren zu entwerfen, die den Ablauf der Verständigung regeln, ohne die Freiheiten der Teilnehmer einzuschränken oder auf die übermittelten Inhalte Einfluß zu nehmen. Der machtfreie Verständigungsraum muß für den Menschen entworfen werden. Er muß so entworfen werden, daß auch ein Mißverstehen seiner bürokratischen Regeln nicht zu einer Unterdrückung der jeweiligen Äußerung führen kann.

Es darf keine Meinung unterdrückt werden. Der Ausschluß von Andersdenkenden, an welchem schon so viele Reformen und Revolutionen gescheitert sind, muß auf alle Fälle vermieden werden. Viele Versuche sind schon gemacht worden, die Gesellschaft aus den Klammern unerträglicher Macht zu befreien. Doch in allen Fällen war der einzige Ausweg, den man sich vorstellen konnte, die Entmachtung der Träger der jeweiligen Macht, um sie schließlich durch neue Träger einer neuen Macht zu ersetzen. Man denke an den furchtbaren Despotismus, der der französischen Revolution gefolgt ist, die „Freiheit, Gleichheit, Brüderlichkeit" hätte bringen sollen. — Man beachte auch das ersehnte Miteinander, welches aus der „Brüderlichkeit" herausklingt. — Der Kommunismus hat die Macht der Partei gebracht und zur Diktatur gesteigert. Auch die gegenwärtige Entwicklung Lateinamerikas und der jungen Staaten Afrikas zeigt immer wieder, wie eine Gewaltherrschaft die andere ablöst.

Unsere Gewöhnung an Macht hat erreicht, daß kaum noch eine andere Möglichkeit gesehen wird, die Lebensfähigkeit einer Idee und ihre Reinerhaltung zu sichern, als Andersdenkende auszuschließen und zu unterdrücken. Revolutionäre verfolgen immer zu allererst dieses Ziel. Als bizarres Schauspiel dieser Art konnten wir die Vernichtung alten Gedankenguts während der Kulturrevolution Chinas erleben.

Doch ist gerade die Fixierung einer Idee von allem Anfang an, ihr Anspruch auf ewige Gültigkeit und der Ausschluß der Andersdenkenden bereits der Ansatz zum Untergang der Idee. Ohne die nötige Herausforderung durch Andersdenkende verliert die Idee nämlich schnell das gesunde Verhältnis zur Wirklichkeit und versteigt sich in Höhen, wo sie Selbstzweck wird. Sie wird mitgeführt als Ballast und Hemmschuh für die Entwicklung der Gesellschaft.

Ist eine Idee zu starr und von ihren Urhebern zu eng fixiert worden, so erleidet sie schnell dasselbe Schicksal: Sie wird durch nicht vorhersehbare Entwicklungen unzeitgemäß und verliert zumindest ihren ursprünglichen Sinn und ihre ursprüngliche Zugkraft. Zurück bleibt ein Häuflein Unentwegter, das mit Verbissenheit die Allgemein- und Alleingültigkeit der Idee verteidigt und sich dabei aufreibt.

Das Interesse allen Machtstrebens gilt seit jeher den bindenden Vereinbarungen, auf die es sich berufen kann, wenn es in Abläufe, Vorgänge und Vorhaben beherrschend eingreifen möchte. Wollen wir aber machtfreie Formen der Verständigung und schließlich des Zusammenlebens erlernen, so müssen wir uns zu jenen nicht festlegbaren Vorgängen in der Gemeinschaft bekennen, die aus ihrer Tiefe kommen und nicht durch Macht manipulierbar sind. Aus dieser allgemeinen Zielsetzung ergeben sich Prinzipien, auf denen machtfreie Verständigung aufbauen wird.

Dem einzelnen gewidmet

Als wichtigstes Prinzip, welches die Verwirklichung des machtfreien Verständigungsraumes leiten soll, möchten wir hier nochmals ausdrücklich festhalten, daß er für den einzelnen Menschen geschaffen werden soll. Nicht auf Gruppeninteressen, nicht auf Machtpositionen, nicht auf Wirtschaftserfordernisse soll er ausgerichtet sein, sondern einzig auf die Bedürfnisse der kleinsten Minderheit im Staate, auf den einzelnen Menschen.

Dadurch gehen seine Auswirkungen aber auch quer durch alle Schichten und Kreise und kommen im Endeffekt wieder dem Staat als Ganzem zugute.

Der machtfreie Verständigungsraum soll dann zur Verfügung stehen, wenn der einzelne sich äußern will, bedrängt ist, Hilfe oder Information braucht. Er soll Versuche von Machtgruppen, den einzelnen oder seine Ideen zu unterdrücken, für alle deutlich sichtbar machen. Er soll dem einzelnen die Rückendeckung durch alle anderen Teilnehmer bieten, die er in solchen Fällen benötigt. Er soll in allen jenen Fällen einspringen, die wir hier weder voraussehen noch aufzählen können, in denen der einzelne ihn aber braucht.

Diesem Gedanken getreu sollen Organisationen, Institutionen, Guppen oder ihre Vertreter im machtfreien Verständigungsraum nur beschränkt teilnahmeberechtigt sein. Als Einzelperson gilt dagegen jeder, der sich nicht darauf beruft, im Namen solcher Gruppen zu sprechen.

Da der machtfreie Verständigungsraum ohne Ausschließungsprinzip arbeiten soll, wird man auch für Gruppenäußerungen einen Teilbereich vorsehen müssen. Er wird aber nur einen Anhang darstellen. Der Kern des Systems ist nach wie vor dem einzelnen gewidmet. Die Äußerungen in diesem Kern werden die größte Aufmerksamkeit der Teilnehmer erregen. Auf sie und ihre raschest mögliche Verbreitung ist er zugeschnitten. Um allen gleiche Teilnahmebedingungen einzuräumen, muß die Aussage von jedem äußeren Beiwerk freigehalten werden, mit dem einzelne Personen versuchen könnten, ihren Worten Nachdruck zu verleihen.

Im Kern des Verständigungsraumes kann sich daher wirklich n u r das Individuum äußern. Das Kennzeichen des Individuums ist sein Name, sonst nichts. Leute, die nicht umhin können, sich zusätzlich mit Titeln, Positionen oder ihrer Zugehörigkeit zu irgendwelchen Gruppierungen zu schmücken, werden gebeten, den Anhang zu benützen. Benützen sie dennoch den Kern, geben sie für alle klar und deutlich ihre Absicht kund, den machtfreien Verständigungsraum zu mißbrauchen. Jeder Versuch, seiner Äußerung besonderes Gewicht zu verleihen durch Herausstreichen einer irgendwann erworbenen formalen Autorität als Spezialist oder Bevollmächtigter, soll und wird sich ins Gegenteil verkehren: Er zeigt, daß der Teilnehmer gewillt ist, über dem Hervorheben seiner eigenen Person und Meinung auf Gemeininteressen zu vergessen. Er ist bereit, der Gemeinschaft durch Störung ihres Verständigungssystems Schaden zuzufügen.

Evolutionsprinzip

Eine Idee muß anpassungsfähig bleiben. Die Möglichkeiten der Zukunft sind zu vielfältig, als daß sie von Menschen vorhergesehen werden könnten. Das Ziel einer guten Idee sollte es daher sein, nur den Startschuß zu einer Entwicklung zu geben, ohne den weiteren Werdegang durch voreilige Festlegungen einzuschränken.

Denken wir an Henri Dunants Gründung des Roten Kreuzes: Wie unscheinbar wäre diese Idee geblieben, hätte man sie auf ihr ursprüngliches Einsatzgebiet, das Schlachtfeld beschränkt. Die lebendige Kraft der Idee, die g e l e b t wurde, hat ihr die heutige Bedeutung verschafft.

Für uns heißt das, daß in der Gestaltung, Weiterentwicklung und Anpassung des machtfreien Verständigungsraumes die Kreativität seiner Teilnehmer ein Betätigungsfeld finden soll. Er kann daher nicht auf einem starren Satz von Verboten, Vorschriften und Geboten aufgebaut werden. Eines der wenigen Prinzipien, welche unverändert gelten sollen, muß sein, daß er als Ganzes veränderbar und anpassungsfähig bleiben muß. Wer Einwände gegen diese Form der Verständigung hat, soll stets Gelegenheit erhalten, Vorschläge einzubringen.

Auch der Start des machtfreien Verständigungsraumes soll evolutionär erfolgen. Nicht Unruhen, Gruppendruck oder Gewaltakte sollen seine Errichtung begleiten. Wie schon die bestehenden Organisationsformen nicht angetastet werden sollen, so soll auch das bestehende Wertsystem unverändert Grundlage und Ausgangspunkt des machtfreien Verständigungsraumes darstellen. Wir müssen versuchen, ihn trotz seiner Widersprüche zu den herrschenden Prinzipien (Machtprinzipien) so in das bestehende Wertsystem einzubinden, daß sich seine Errichtung und seine Durchschlagskraft allen Widerständen zum Trotz von selbst ergibt.

Es wird den lokalen und regionalen Teilsystemen überlassen bleiben, sich ihren eigenen Möglichkeiten entsprechend auf eine günstige Form der Verständigung hinzuentwickeln. Die Weiterentwicklung ergibt sich aus dem Interesse, in jedem System auch die übergeordnete Verständigung zu erproben und einzuleiten.

Durch den machtfreien Verständigungsraum hoffen wir einen Grundstein zu legen, der auch zukünftigen Ideen einen evolutionären Start ermöglicht, unabhängig von persönlichem Einsatz oder Einfluß ihrer Urheber.

Positives Angebot

Die Menschen sehnen sich nach einem glaubwürdigen und spürbaren Miteinander: Dieser Wunsch äußert sich teils offen, teils versteckt hinter den verschiedensten Formen gemeinsamer Aktivitäten, in Vereinsleben, in religiösen Gemeinschaften oder auch in Massenbewegungen. Auch das Schulter-an-Schulter-Marschieren der Soldaten befriedigt diesen Wunsch, täuscht so wirksam Sicherheit und gemeinsamen Willen vor, daß es selbst den Marsch ins gemeinsame Verderben erleichtert.

Zwar hat der Mensch es meist gut verstanden, seine Umgebung zu analysieren; das eigene Wesen und die eigenen Bedürfnisse sind ihm jedoch weitgehend fremd geblieben. Deshalb hat er sich auch Wertvorstellungen auferlegen lassen, in denen das Miteinander keinen oder einen falschen Stellenwert einnahm. Ob man einander im Rahmen einer Bewegung mit „Genosse“ oder „Bruder“ anspricht, ob man Verbundenheit, Einheit oder Nächstenliebe gelobt, immer wird der im Menschen vorhandene Wunsch nach Miteinander angesprochen. In den Dienst weltlicher oder religiöser Zielsetzungen eingespannt, bleibt er letztlich jedoch unerfüllt, solange er anderen Zielen untergeordnet ist. Er hat sich noch nie zu einem tragenden und dauerhaften Faktor in einer Gesellschaft entwickeln können.

Das Miteinander, das Menschen eigentlich brauchen und wozu es sie drängt, verträgt keinen Zwang, ist ein freiwilliges, spontanes. Alles, was die Gesellschaft zur Entwicklung des einzelnen — und damit zu ihrer eigenen — zu tun braucht, ist, jene Verhältnisse herzustellen, die dem Miteinander entgegenkommen und ihm den gebührenden Rang im Wertsystem geben. Das Miteinander muß ermöglicht, darf aber nicht gefordert werden.

Wir nennen diesen Ansatzpunkt das Prinzip des positiven Angebots. Es müssen die Möglichkeiten geschaffen werden, unter denen sich das Miteinander entwickeln kann. Durch das Vorhandensein entsprechender Einrichtungen darf niemandem eine Verpflichtung irgendeiner Art erwachsen.

Wir möchten dieses Angebot zur Entwicklung eines freiwilligen Miteinander durch den machtfreien Verständigungsraum eröffnen. Er muß somit jedermann offen stehen und darf als positives Angebot an jeden keinerlei Verbot oder Rechtsfunktion enthalten. Wer will, soll daran teilnehmen können, auf seine Weise nach seinen Bedürfnissen und nach seinem Ermessen.

Wie schon angedeutet, betrachten wir Verständigung als Grundlage der Gesellschaft. Ohne Verständigung ist jeder allein. Erst wenn sich Einzelmenschen miteinander verständigen, kann man anfangen, von einer Gesellschaft zu sprechen. Durch die Art und Weise, wie sich eine Gesellschaft verständigt und sich bei der Verständigung behindert, ist sie weitgehend gekennzeichnet. Nicht Einzelheiten wie Sozialgesetzgebung, Wirtschaftssystem, kulturelles Niveau, politischer Einfluß etc. sind das, was eine Gesellschaft in erster Linie auszeichnet. Was zählt, ist die Art und Weise der Verständigung ihrer Mitglieder, das mögliche und vorhandene Miteinander und die Freiheitsräume, die jeder in ihr und durch sie bekommen kann.

Unsere Historiker haben die Chance versäumt, die alten Kulturen nach diesen Gesichtspunkten entsprechend zu durchleuchten, um dadurch bewußtseinsbildend zu wirken. Der fehlende Sinn für Verständigung und Miteinander hat die vielen Fehlentwicklungen unter den bisher verwirklichten Gesellschaftsordnungen bewirkt.

Erst wenn wir uns verständigen können, kann es ein Miteinander geben. Jeder braucht es für seine eigene Sicherheit. Viele sind stärker als einer. Aus diesem

Grund haben sich schon unsere Urahnen zusammengeschlossen — um zu überleben.

Nur wenige politische Systeme haben es bisher verstanden, den Leuten wirklich das Gefühl des Miteinander zu geben. Diese haben dann auch beinahe unvorstellbare Kräfte im Volk freigesetzt — Kräfte, die leider auch mißbraucht worden sind. Die Verführung und Aufopferung eines ganzen Volkes im Tausendjährigen Reich zum Beispiel, haben darauf beruht. Allerdings hatte das Miteinander darin eine einzige Zielsetzung: die Stärkung der politischen Macht der Partei und des „Führers". Weil aber daneben der notwendige Freiheitsraum des einzelnen fehlte, waren von Anfang an alle Möglichkeiten für eine langfristige Entwicklung ausgeschlossen. Einige kommunistische Staaten gehen sichtlich denselben Weg. In kapitalistischen Systemen dagegen scheint das Miteinander völlig unterschätzt zu werden.

Die Demokratie braucht neben ihren Abstimmungs-Mechanismen, die den Willen der Mehrheit durchsetzen, auch den Schutz der Minderheiten. Erst recht braucht sie ein Element, welches dem einzelnen gestattet, sich in der Masse nicht verloren und ausgeliefert zu fühlen. Jedermann muß sich dem anderen uneingeschränkt mitteilen können, ihn für seine Ziele gewinnen, sich mit ihm über gemeinsame Grundsätze klar werden können. Von beliebiger Stelle müßte ein Bewußtwerdungsvorgang in der Gesellschaft eingeleitet werden können — und zwar ohne Einschränkung der Themen. Darüber hinaus müßte es möglich sein, zwischen beliebigen Partnern, unabhängig von einem zufälligen Treffen, Verbindungen herzustellen, die auf Gemeinsamkeiten beruhen und im Verständigungsraum für alle sichtbar werden: Der gemeinsame Verständigungsraum muß für alle jederzeit einsehbar sein und von allen jederzeit beschickt werden können.

Die Leistungen des einzelnen im Verständigungsraum können, wie wir schon am Verständigungsbedürfnis gezeigt haben, vielgestaltig sein. Für Leute, die durch das Gefühl des Miteinander verbunden sind, ist nicht nur das, was teuer bezahlt wird, eine Leistung. Auch wenn einer in ganz persönlicher Not den Mut und das Vertrauen hat, sich an die Gemeinschaft zu wenden, ist das eine Leistung. Und wenn es nur deshalb eine ist,

- weil sie Vertrauen in die Gemeinschaft beweist und damit das Miteinander wieder hervorhebt und stärkt;
- weil durch eine vielleicht erfolgte Hilfeleistung das Vertrauen in die Gemeinschaft zusätzlich bestätigt wird;
- weil die Hilfswilligen in einer gemeinsamen Hilfsaktion neues Zusammengehörigkeitsgefühl entwikkeln;
- weil vor bevorstehenden Problemen rechtzeitig gewarnt wird;
- weil auf die noch vorhandene Not in der eigenen Umgebung hingewiesen wird;
- und so weiter . . .

Im machtfreien Verständigungsraum soll das neue Miteinander wachsen können. Darin soll jeder, unabhängig von seiner Position, Bildung, Herkunft, Religion oder sonstigen Merkmalen die gleiche wirkungsvolle Möglichkeit haben, zu sagen, was er für wichtig und richtig hält. Die Aufmerksamen erfahren von seiner Idee und nehmen dazu Stellung. Aus anonymen Mitbürgern wird ein interessiertes Forum. Das Echo der Idee in dem Forum regt neue Ideen an. Der einzelne sieht, daß seine gesellschaftlichen Ideen jetzt Widerhall finden. Er wird aus der Ecke des Denkverzichts hervorgeholt und zu neuem Denken angeregt. Er wird seinerseits die Gesellschaft anregen und mitgestalten, ohne sich willenlos Experten, Technokraten, Funktionären, Geschäftemachern und Politikern zu überlassen.

Selbstreinigungsprinzip

Wie schon gesagt, soll der machtfreie Verständigungsraum für den M e n s c h e n entworfen werden. Bewußt soll auf den Einfluß einer reglementierenden Macht und des Bürokratismus verzichtet werden. Ein neuartiges Prinzip soll seine ungestörte Arbeitsweise gewährleisten. Wir nennen es das „Selbstreinigungs-Prinzip".

Wir setzen voraus, daß der machtfreie Verständigungsraum eine gewisse Toleranz gegen Mißbrauch oder Fehlverstehen einschließt. Wenn die Mehrheit seiner Teilnehmer seine Arbeitsweise und Zielsetzung versteht und gutheißt, so sollte diese Toleranz garantieren, daß er den Mißbrauch oder Fehlgebrauch durch eine Minderheit verträgt, ohne dadurch Schaden zu erleiden. Vielmehr sollte im Sinne der Selbstreinigung der Haupteffekt des Fehlgebrauchs darin bestehen, daß dieser sofort und für alle möglichst deutlich sichtbar wird. Dadurch kann es bei Fehlverstehen zu sofortigen Hilfeleistungen anderer

Teilnehmer kommen. Absichtlichem Mißbrauch sollte kein schwereres Gewicht zukommen, als den Mißbrauchenden und seine Ablehnung des machtfreien Verständigungsraumes für alle klar und deutlich sichtbar zu machen — eine Ablehnung, die im machtfreien Verständigungsraum übrigens durchaus regulär hätte vertreten werden können und in dieser Form auch Anspruch auf eine ernsthafte Auseinandersetzung hätte.

Es ist klar, daß nicht jede Art von Mißverstehen oder Mißbrauch vorhersehbar ist und damit vom ersten Entwurf an berücksichtigt werden kann. Hier wird die evolutionäre Anpassung des Systems wirksam werden müssen; und zwar durch die Kreativität jener Teilnehmer am machtfreien Verständigungsraum, die ihn verstehen und gutheißen. Da es keinen Grund gibt, die Intelligenz seiner Teilnehmer für geringer zu halten als die der Gegner, die ihn mißbrauchen wollen, wird seine Weiterentwicklung jedem Mißbrauch auch gewachsen sein. Voraussetzung dafür ist nur, daß sich ausreichend viele stark genug mit der Idee des machtfreien Verständigungsraumes identifizieren, um sich für ihn einzusetzen und seine Probleme zu überlegen. Eine Voraussetzung, die erfüllt werden soll, indem das soziale Verständigungssystem ohne Ausnahme für j e d e n offenstehen soll.

Unabhängig davon kann jede Gruppe, jedes Gemeinwesen, jeder Betrieb, jeder Verein, jede irgendwie geartete Gemeinschaft von Menschen innerhalb ihrer Reihen einen machtfreien Verständigungsraum errichten. Die Wertschätzung, die der einzelne in dieser Gemeinschaft erfährt, wird durch das in ihr vorhandene Verständigungssystem gekennzeichnet sein, ja man wird die Gemeinschaften geradezu danach beurteilen können. Das Selbstreinigungsprinzip wird mit der Verständigung die ganze Gemeinschaft beeinflussen.

Um der Meinung des einzelnen uneingeschränkt die von ihm beabsichtigte Reichweite zu verschaffen, werden verschiedene soziale Verständigungssysteme miteinander in Verbindung treten. Endziel all dieser Bestrebungen ist ein internationaler Verständigungsraum, in welchen die einzelnen nationalen Verständigungsräume ähnlich wie im internationalen Telefonnetz nahtlos übergehen.

Telefonnetze scheinen überhaupt eine gute Vergleichsmöglichkeit, um den Zusammenhang der einzelnen Verständigungsräume zu verdeutlichen. So wie der Teilnehmer an einem betriebsinternen Telefonnetz sich mit seinem Kollegen unterhalten kann, ins Ortsnetz oder ins internationale Netz hinauswählen kann, so soll jedem Teilnehmer an einem lokal begrenzten Verständigungsraum auch der Zugang zu den übergeordneten oder entfernt liegenden Verständigungsräumen ermöglicht werden. Inwieweit die einzelnen Verständigungssysteme diesen Anforderungen genügen, wird Maßstab für ihre Qualität sein.

Wieder haben wir ein Beispiel für das Wirksamwerden des Selbstreinigungsprinzips vor uns, falls bürokratische Zwänge das Verständigungsbedürfnis der Teilnehmer oder die Reichweite ihrer Verständigung behindern sollten. Der Druck der Teilnehmer und ihre Vorschläge werden zu Qualitätsverbesserungen Anlaß geben.

Der machtfreie Verständigungsraum sollte bestehende Organisationsformen unangetastet lassen; er sollte als zusätzliches Angebot über Grenzen und

Trennendes hinweg für jedermann zur Inanspruchnahme bereitstehen. Er dient nicht der Systemüberwindung, sondern soll im Gegenteil die Überlebenschancen demokratischer Grundsätze erhöhen, indem er sie ergänzt, wiederherstellt und ihnen für jedermann spürbare Bedeutung verschafft.

Die Möglichkeit, daß Verständigungssysteme Grenzen und Organisationsformen überwinden, wird heute schon durch Post und Telefon deutlich. Auch der internationale Buchmarkt ist als Beispiel geeignet: Man denke an die Fälle, als der (westliche!) Nobelpreis an östliche Autoren vergeben worden ist. Auch Musik, Mode, Sport oder Kunst sind Formen der Verständigung, die mit Leichtigkeit Grenzen überwinden.

Überparteilichkeit

Das positive Angebot an jeden einzelnen kann nur dann von allen wirklich und ohne Vorbehalte angenommen werden, wenn es parteipolitisch völlig neutral ist. Eine Teilnahme am machtfreien Verständigungsraum darf nicht an irgendwelche ideologische oder weltanschauliche Voraussetzungen geknüpft sein.

Bei der Verwirklichung wird streng darauf zu achten sein, daß sich keine politische Partei als Urheber machtfreier Verständigung aufspielen kann. Die Teilnahme der Bevölkerung darf nicht als Bekenntnis zu einer Partei ausgeschlachtet werden können. Davon abgesehen steht es natürlich jeder Partei frei, innerhalb ihrer Reihen einen eigenen Verständigungsraum einzurichten.

Das Verfahren machtfreier Verständigung ist jedoch grundsätzlich ideologieneutral. Wenn ein Machtapparat bestimmte Ideologien ausschließt oder verfolgt, ist er nicht in der Lage, einen machtfreien Verständigungsraum zu errichten oder aufrechtzuerhalten.

5

EIN BEISPIEL EINER EINFACHEN VERWIRKLICHUNG

Die hohen Ansprüche, die an ein soziales Verständigungssystem gestellt werden müssen, erwecken den Eindruck, daß System werde unerhört aufwendig oder gar undurchführbar sein. Dieser Eindruck wird am besten durch ein funktionsfähiges Beispiel entkräftet, welches unmittelbar in die Praxis umgesetzt werden kann: Entwurf und Durchführung sind so einfach in ihrer Art, daß sie seit langem hätten verwirklicht werden können. Seit Menschen lesen, schreiben und ihre Texte vervielfältigen können, wäre ein derartiges System möglich gewesen. Die Gründe, die Verständigungsformen dieser Art verhindert haben, können daher nicht organisatorischer Natur gewesen sein. Wir sehen vielmehr in der Urangst der Mächtigen vor einer Meinungsbildung, die sich ihrer Kontrolle entzieht, die Ursache, die jeden Gedanken daran schon im Ansatz unterdrückt hat. Macht auszuüben bedeutet ein nicht geringes Risiko, Machtwillkür ein noch größeres. Dieses Risiko so klein wie möglich zu halten, ist nur zu naheliegend, selbst wenn dadurch Grundrechte verletzt werden sollten.

Da das Verständigungssystem, welches wir zunächst beschreiben wollen, mit allereinfachsten Mitteln arbeitet, kann es weder als die einzig mögliche, noch als die beste Form der Verwirklichung eines sozialen Verständigungssystems angesehen werden. Es wird erprobt werden, um zu zeigen, daß gerade in der Anfangszeit der Aufwand gering gehalten werden kann. Diesem einfachen Modell eines machtfreien Verständigungsraumes haben wir den Namen „FÜR" gegeben.

„FÜR" soll die bejahende Grundeinstellung ausdrücken, auf die machtfreie Verständigung aufbaut. FÜR ist FÜR den einzelnen, FÜReinander, FÜR neue Ideen, FÜR Toleranz, FÜR Verständigung, FÜR jeden. FÜR ist „FÜR" und nicht „GEGEN" (außer gegen Machtmißbrauch). „FÜR machtfreie Verständigung" wird voraussichtlich der Arbeitstitel lauten, unter dem wir — die Verfasser dieses Buches — einen Startversuch in Graz unternehmen werden, falls wir ausreichend Echo und Unterstützung finden.

FÜR wird in diesem Fall zuerst auf Papier, dem herkömmlichen Verbreitungsmedium, herauskommen. Es wird zumindest entfernt einer Zeitung oder Zeitschrift ähneln, deren Inhalt jedoch von den Lesern und Abonnenten selbst gestaltet werden wird. Jeder, der ein Anliegen irgendwelcher Art an die Öffentlichkeit herantragen will, oder die Verständigung mit den Mitmenschen sucht, kann seine Aussage an FÜR einsenden — dort wird sie veröffentlicht werden. Die Probleme, die sich aus dieser Zusage ergeben, sind nicht gering, aber sie sind, wie wir zeigen wollen, zum Vorteil aller lösbar.

FÜR wird ohne jeden redaktionellen Einfluß auf Gestaltung und Inhalt der jeweiligen Auflagen wie der einzelnen Beiträge arbeiten. Es gibt keinen Kreis von festen journalistischen Mitarbeitern, deren Beiträge bevorzugt behandelt würden. FÜR entsteht ausschließlich aus den Einsendungen seiner „Leser" — jeder kann seinen Beitrag an FÜR einsenden. In FÜR ist jeder sein eigener Redakteur. Auch die Herausgeber genießen keine Sonderstellung.

FÜR wird garantieren, daß j e d e Einsendung erscheint, ohne Ausnahme, und daß alle Einsendungen geordnet, aber doch in der Reihenfolge ihres Eintreffens auffindbar sein werden. Weiters wird garantiert, daß keine Einsendung inhaltlich verändert oder gekürzt wird. Der gesamte, im folgenden beschriebene Aufbau von FÜR ist sorgfältig darauf abgestimmt worden, daß alle Beiträge gleichwertig behandelt werden. Die Behandlung eines Beitrags wird sich auf die rein mechanische Aufbereitung zum Druck beschränken.

Jedes Thema kann in FÜR angeschnitten werden. Da keinerlei Einfluß auf den Beitrag eines Einsenders genommen wird, könnte auch eine Einsendung von völlig sinnlosen Silben veröffentlicht werden.

Der Idealvorstellung gemäß darf es in keiner Phase Personen geben, die aus formalen oder sonstigen Gründen berechtigt wären, einen Beitrag zu verändern, zu verzögern oder zu unterdrücken.

Wer mit dieser Idealvorstellung an die Verwirklichung des Grundrechtes auf freie Meinungsäußerung herangeht, gerät sofort mit der geltenden Rechtsauffassung des Obrigkeitsstaates in Konflikt. In Diktaturen würden Menschen, die öffentlich einen machtfreien Verständigungsraum nach dem Vorbild von FÜR durchzusetzen versuchten, in Gefängnisse wandern. In den Demokratien beschneiden durch geltendes Recht enggezogene Grenzen das Grunderecht und unterbinden damit den freien Gedankenaustausch der Menschen im Staat. Die Neuartigkeit von FÜR erlaubt noch keine Aussage darüber, wie sich dieses Modell eines machtfreien Raumes in die geltenden Gesetze verschiedener Staaten einordnen wird. Von formaljuristischer Denkweise ist zu erwarten, daß FÜR aufgrund seiner anfänglichen Verwendung von Schrift und bedrucktem Papier als Verbreitungsmedium den Gesetzen für periodische Druckwerke und damit den Pressegesetzen unterworfen sein wird.

Das Presserecht in Österreich, zum Beispiel, ist für einen machtfreien Verständigungsraum denkbar ungeeignet. Grundlage jeder ernsthaften geistigen Auseinandersetzung ist, daß jeder für seine Aussage selbst die Verantwortung zu tragen hat. Im machtfreien Verständigungsraum ist die Selbstverantwortlichkeit des einzelnen ein unverzichtbarer Wert. Während in FÜR jeder einzelne Bürger für sich selbst spricht, macht das Presserecht den Herausgeber eines periodischen Druckwerkes für den Inhalt verantwortlich. Der Herausgeber von FÜR würde dadurch vom Gesetzgeber zur Zensur gezwungen, wenn er nicht das Bestehen der Verständigungseinrichtung aufs Spiel setzen wollte. Jede Zensur aber entmündigt die Teilnehmer, wertet sie ab, zerschlägt das Prinzip der Machtfreiheit und des positiven Angebots und führt neuerlich zu Resignation und Denkverzicht.

Daraus sollte nicht der schicksalsergebene Schluß gezogen werden, daß nicht sein kann, was nicht sein darf. FÜR kann die Grenzen der freien Meinungsäußerung in der Demokratie für alle sichtbar machen und dadurch Veränderungen anregen.

Aus guten Gründen verlangt das Evolutionsprinzip das Anschließen an die bestehenden Verhältnisse. FÜR soll nicht zu einer kämpferischen Einrichtung im

Untergrund werden, sondern für jedermann öffentlich zugänglich sein. Es soll allen Bereichen menschlicher Verständigung dienen und nicht durch wenige Randerscheinungen an gesetzlichen Beschränkungen scheitern. Der Rechtslage ist daher auf sparsamste Weise Rechnung zu tragen. Ohne Konflikte mit der staatlichen Gewalt heraufzubeschwören, soll FÜR Unterlagen liefern, die zeigen, wo gesetzliche Zensuren sinnvoll sind und wo sie nur der Machterhaltung dienen.

Die Lösung, die wir vorläufig vorsehen, beharrt auf dem Veröffentlichen jeder Einsendung. Nur jene Wörter oder Textstellen, die das ganze Verständigungssystem in Gefahr bringen, Schaden zu erleiden, finanziell ruiniert oder verboten zu werden, sollen im Interesse der Verständigungsgemeinschaft ausgestrichen werden. Das Streichen von Wörtern darf nur die minimal nötigen Stellen umfassen und muß so erfolgen, daß es sofort deutlich auffällt und die zu dieser Streichung zwingenden gesetzlichen Bestimmungen erkennbar werden.

Gleichzeitig wird FÜR alle Rechtsmittel heranziehen, um die Selbstverantwortlichkeit seiner Teilnehmer abzusichern und den machtfreien Verständigungsraum aus den geltenden Mediengesetzen herauszulösen. Dementsprechend kann dann auch die staatlich verordnete Zensur abgebaut werden.

Jeder soll seine Aussagen so frei von Beschränkungen wie nur irgend möglich veröffentlichen können. Dem einzelnen soll es aber nicht gelingen, durch Berufung auf Machtfreiheit die Verständigung aller Teilnehmer zu gefährden. Zum Beispiel könnten Bestimmungen des Schmutz- und Schundgesetzes zu Streichungen unzulässiger Wörter, Bildteile oder Textstellen führen. Der Schriftdienst hat für das Einhalten der gesetzlichen Bestimmungen zu sorgen. Damit wird es Gegnern einer freien Meinungsverbreitung unmöglich gemacht, FÜR durch organisierte Störversuche und Berufung auf Gesetze zu zerstören.

Dem Einsender bleibt — wenn gewünscht — auch die Gestaltung seines Beitrages weitgehend überlassen. Für nichtverbale Beiträge wie Zeichnungen, Musik-Noten, Fotos etc. ist geplant, die Original-Einsendung zu vervielfältigen. Auch für verbale Einsendungen soll auf Wunsch des Einsenders diese Möglichkeit zur Verfügung stehen: Wenn er zum Beispiel durch den Einschluß von graphisch gestalteten Schlagzeilen seinen Beitrag besonders ansprechend gestalten will. FÜR könnte in dieser Hinsicht zum Austausch und Sammelpunkt von Kunstwerken aus dem Volk werden und so Talente anregen.

Einlaufende Beiträge werden bis zu einem maximalen Format (derzeit ist etwa an die Fläche eines durchschnittlichen Leitartikels einer mittleren Tageszeitung gedacht) unverändert erscheinen können. Längere Beiträge sollten von einem Kurztext (Kleinversion) begleitet sein, welcher in das vorgegebene Maximal-Format paßt. Es wird sodann der Kurztext veröffentlicht, während der volle Beitrag (Langtext) nur auf Anforderung an interessierte Leser versandt wird. Ob auch eine obere Grenze für Langtexte eingeführt werden muß, wird sich zeigen.

Eine ausführliche Beschreibung der vielen Einzelheiten, die sicherlich notwendig sind, um eine geordnete Verständigung zu gewährleisten, würde hier — in den mehr prinzipiellen Überlegungen — zu viel

Raum einnehmen. In Diskussionen wurden wir immer wieder auf Gefahren wie Überlastung des Systems, Unterlastung, organisierte Störversuche, ideologische Schlagseite, fehlende Aufmachung, Überforderung des Interesses, fehlende politische Auswirkungen, anonyme Drohungen, Verleumdungen, unerwünschte Werbung und vieles andere aufmerksam gemacht. Wir können hier nur festhalten, daß wir uns mit diesen Gefahren eingehend auseinandergesetzt haben und es gelungen ist, einfache Gegenmaßnahmen zu finden, ohne die Prinzipien der machtfreien Verständigung zu verletzen.

Als Antwort auf Bedenken soll in diesem Rahmen einerseits die finanzielle Überlebensfähigkeit von FÜR nachgewiesen werden, andererseits soll ein Einblick in die charakteristischen Methoden gegeben werden, die FÜR befähigen, mit den Problemen machtfrei fertig zu werden.

Finanzielle Überlegungen

Viele gut gemeinte soziale Aktionen sind zu einem Dahinkümmern am Rande des „Geht-nicht-mehr" verurteilt, weil sie wirtschaftlich unrentabel nur durch finanzielle Unterstützung am Leben erhalten werden können. Um sozialen Verständigungssystemen dieses Schicksal zu ersparen, soll am Beispiel von FÜR gezeigt werden, daß sie zu einem positiven finanziellen Ergebnis geführt werden können. Ihre wirtschaftliche Rentabilität soll zu einer geradezu stürmischen Verbreitung von sozialen Verständigungssystemen Anlaß geben und so dazu beitragen, deren Einfluß auf die weitere Entwicklung unserer Kultur und Zivilisation einzuleiten. Zumindest bis zu dem Zeitpunkt, in dem die Bedeutung sozialer Verständigungssysteme in der Demokratie erkannt werden wird, und es zu ihrem ureigensten Anliegen wird, solche Systeme zu fördern und zu betreiben.

Veröffentlichungen in FÜR sollen für den einzelnen kostenlos sein. Es sollen ihm daraus keinerlei Verpflichtungen, im besonderen kein Kauf- oder Abonnierungszwang von FÜR erwachsen. Das Beziehen von FÜR muß dagegen kostendeckend gestaltet werden.

Da FÜR zu Beginn äußerlich weitgehend einer Zeitung oder Zeitschrift ähnelt, können aus der dort üblichen finanziellen Gebarung Schlüsse auf den voraussichtlichen finanziellen Aufwand gezogen werden. Bei Zeitungen deckt der Vertriebserlös etwa 40 — 50 Prozent der entstehenden Kosten. Die offenen 50 — 60 Prozent müssen im Zeitungswesen aus Einnahmen durch Werbung oder aus anderen Quellen gedeckt werden. Andererseits beträgt der Aufwand einer Zeitung für Redaktion, Anzeigen- und Werbeabteilung, sowie Mehrkosten für ein eigenes Schnellvertriebsnetz ebenfalls etwa 50 Prozent der Gesamtkosten. FÜR unterscheidet sich von einer Zeitung der herkömmlichen Art aber gerade durch das Fehlen der genannten kostenaufwendigen Einrichtungen. Die Kosten zur Erstellung von FÜR werden daher in einem Bereich liegen, der bei geeigneten Preisen durch die Zahlung fester Abonnenten noch gedeckt werden kann.

Nach den finanziellen Überlegungen sollen nun einige Beispiele über die verwendeten Methoden Aufschluß geben.

Bei einem Echo aus dem Leserkreis, das einen Startversuch von FÜR rechtfertigen würde, ist daran gedacht, einen Arbeitskreis für machtfreie Verständigung zu gründen. Er soll einerseits FÜR aufbauen und weiterentwickeln, andererseits sollen bei dieser Arbeit rangfreie Formen der Organisation erprobt werden.*

Wir hoffen, daß sich engagierte Menschen finden werden, die bereit sind, an der Entwicklung eines ersten sozialen Verständigungssystems mitzuwirken.

Selbstreinigung

Die Funktionsfähigkeit von Systemen, die eine größere Anzahl von Menschen umfassen, wird bisher durch starre Regeln, Erlässe, Verbote, formal-bürokratische Vorschriften und andere Zwänge erreicht. Das Selbstreinigungsprinzip als regelndes Element unterscheidet sich von diesen zwanghaften Ordnungsprinzipien so grundlegend, daß wir es als erstes Beispiel genauer betrachten wollen.

Beispiele dieser Art werden in FÜR mehrfach zu finden sein.

FÜR wendet sich an den mündigen Bürger. Daher verzichtet es auf die erwähnten bürokratischen Einschränkungen wie auf jede Überwachung der zugrunde liegenden Prinzipien und Durchführungsverfahren. Es obliegt dem mündigen Bürger, die vorgesehenen Spielregeln als gut und zweckmäßig anzuerkennen und zu beachten, oder als unzweck-

* Erste Kontaktstelle: Arbeitsgemeinschaft mfV, Postfach 6, A-8043 Graz — Kroisbach, Österreich.

mäßig abzulehnen und durch Alternativen zu ersetzen.

Jeder, der die Regeln übertritt, muß sich aber darüber klar sein, daß seine Übertretung für eine breite, kritische Öffentlichkeit sichtbar werden wird. Die anderen Teilnehmer werden sich unvermeidlich damit auseinandersetzen, darüber befinden und Rückschlüsse auf den Übertretenden ziehen. Andererseits werden sinnvolle und nützliche Verbesserungen der Verständigung von den anderen übernommen werden und dadurch auf unbürokratischem Weg in das System Eingang finden.

Wie steht es aber mit den Regeln und Verpflichtungen, die von den Teilnehmern eingehalten werden sollen, ohne daß sie erzwungen werden können? Als Beispiel sind die zahlungspflichtigen Einsendungen zu nennen, die dem Anliegen machtfreier Verständigung nicht entsprechen, die aber auch nicht verboten werden können, da es in FÜR keine Instanz geben kann, die einen Beitrag ausschließt.

Die Veröffentlichung eines Beitrages ist für den einzelnen — wie schon erwähnt — kostenlos. Organisationen, Gruppierungen oder ihre Vertreter, sowie Personen, die durch Anführen ihrer Titel und Positionen herausstreichen, daß sie sich in erster Linie als Titelträger und erst in zweiter als Menschen verstehen, werden sowohl in einen Anhang verwiesen, als auch empfindlich zur Kasse gebeten. Im Sinne der erklärten Absage an Eingriffe und Überprüfungen wird aber nicht nachgeprüft werden, ob für die betreffenden Beiträge auch wirklich bezahlt wird. Es wird das Interesse solcher Einsender sein, ihre Zahlung mit dem Eintreffen der Einsendung gleichzeitig zu leisten, oder zumindest ihre Zahlungsabsicht deutlich zu machen. Tarifmäßig bezahlte Beiträge, beziehungsweise jene mit dem Vermerk der Zahlungswilligkeit werden in FÜR deutlich markiert werden. Es soll dann dem Leser überlassen bleiben, Werbeeinschaltungen, Eigenwerbung mit Titeln, Beiträge von Gruppen, Organisationen oder Parteien, falls sie nicht als tarifmäßig bezahlt gekennzeichnet sind, selbst zu erkennen. Er wird Rückschlüsse auf die rücksichtslose Selbstsucht dieser Teilnehmer ziehen, da unbezahlte Beiträge dieser Art (noch dazu nicht im Anhang) deutlich die Absicht zeigen, das der Gemeinschaft dienende Medium aus egoistischen Motiven zu mißbrauchen. Der aus Selbstsucht angestrebte Effekt wird sich ins Gegenteil verkehren, in eine nachhaltige Anti-Werbung umschlagen.

Selbstregelung

Voraussichtlich wird FÜR je nach Bedarf in unregelmäßigen Zeitabständen herauskommen. Und zwar ist gedacht, eine Frist von wenigen Tagen festzulegen, innerhalb welcher der Beitrag eines Teilnehmers in FÜR erscheinen soll. Dadurch wird auch die Diskussion über nur kurzzeitig aktuelle Themen möglich gemacht. Der Aktualitätswert des Beitrages soll nicht schon vor seinem Erscheinen verlorengehen. Um dieses Ziel zu erreichen, wird FÜR sofort erscheinen, falls diese Frist für auch nur einen einzigen Beitrag zu verstreichen droht — nötigenfalls mit nur diesem Beitrag allein. Im übrigen wird FÜR jeweils sofort erscheinen, sobald die Anzahl der eingetroffenen Einsendungen eine neue Ausgabe rechtfertigt.

Aus technischen Gründen wird es auch eine obere Grenze des Umfanges einer Ausgabe geben. Sollte die Zahl der Einsendungen den maximalen Umfang einer Ausgabe überschreiten, würde das zu einem Warteschlangenproblem führen, das die Verständigung vom Verfahren her verzögert. Je nach Leistungsfähigkeit müßte dann in geringen Abständen ein Heft nach dem anderen erscheinen. Das könnte ein Signal für die Teilnehmer sein, sich kurz zu fassen und ihre weniger dringenden Beiträge für Flautezeiten aufzuheben. Es würde also ein Selbstregelungsvorgang einsetzen, der die Belastung von FÜR über die Dauer der Zeit ausgleicht. Setzt diese Selbstregelung jedoch nicht ein, würden infolge der auftretenden Verzögerungen unzufriedene Teilnehmer so lange ausscheiden, bis die Überforderung des Systems von selbst abgeklungen ist und es wieder einen stabilen Zustand erreicht hat.

Die Größe der Verständigungsgemeinschaft paßt sich somit der Leistungsfähigkeit des Verfahrens selbsttätig an. Es wird einer vorausschauenden Planung bedürfen, um das Wachsen der Gemeinschaft nicht durch Engpässe der Abwicklung oder durch Überforderung des Interesses zu beeinträchtigen. Die Selbstregelung kann auch dazu herangezogen werden, organisierte Störversuche zu entschärfen. Es genügt, die kürzeste Erscheinungsfolge, wie den maximalen Umfang der einzelnen Ausgabe als feststehende Größen bekanntzugeben. Sie stellen die Rahmenbedingungen dar, unter denen — den finanziellen Gegebenheiten entsprechend — die Verständigung stattfinden kann.

Wird die so festgelegte Kapazität überschritten, werden die neu einlangenden Einsendungen in Warteschlangen eingereiht, deren augenblickliche Länge in der jeweils erscheinenden Nummer bekanntgegeben wird. Voraussichtlich wird sich eine Reihe von Sachgebieten ergeben. In jedem Sachgebiet wird im Notfall eine eigene Warteschlange angelegt, deren augenblickliche Länge den Teilnehmern in jeder Ausgabe bekanntgegeben wird.

Auch in diesem Fall wirkt Selbstreinigung mit. Wenn nämlich eine Warteschlange schon Verzögerungen verursacht, werden lange Romane nicht geschätzt werden. Man wird sie als Ausdruck von Selbstsucht verärgert überblättern. Wird aber deutlich, daß Warteschlangen durch organisierte Störversuche erzeugt werden, so wird die Frage nach der Identität der Störenfriede auftauchen. Hier gibt es mehrere Schutzmaßnahmen, die — falls nötig — zu gegebener Zeit diskutiert werden können.

Übersteigt die Länge einer Warteschlange in einem Sachgebiet eine bestimmte, allen bekannte Höchstgrenze, werden weitere Einsendungen nicht mehr zur Veröffentlichung angenommen. Mit der absoluten Höchstgrenze kann der Versuch einer organisierten Überforderung vereitelt werden. Das betreffende Sachgebiet ist dann zwar eine Zeitlang blockiert, aber die Verständigung kann in den anderen Sachgebieten ungehindert weitergehen. Jede Störung wird die Teilnehmer anregen, über die Verbesserung ihres Systems nachzudenken.

Die Gefahr, daß übelwollende Gruppen das Verständigungssystem durch gezielte Überlastung finanziell zugrunde richten, dürfte dadurch gebannt sein.

Selbstanpassung

FÜR soll einen geordneten Gedankenaustausch vieler ermöglichen. Ein einfaches Querverweissystem innerhalb einer Liste von Sachgebieten soll das Anknüpfen an vorhandene Aussagen und das Wiederauffinden von Beiträgen erleichtern. Der Einsender kann dadurch selbst bestimmen, wo sein Beitrag in das Netz der Aussagen einzuordnen ist. Seine Angaben sind für den Schriftdienst bindend, selbst dann, wenn eine günstigere Einordnung möglich wäre oder Fehler unterlaufen sind. Der Schriftdienst wird nicht das Recht erhalten, Anweisungen der Teilnehmer nach eigenem Ermessen abzuändern. Es bleibt dem Geschick des Einsenders überlassen, seine Aussage richtig einzuordnen.

Er hat auch die Möglichkeit, für seinen Beitrag ein neues, in der vorliegenden Liste noch nicht vorhandenes Sachgebiet zu verwenden. Dieses wird daraufhin in die Liste der Sachgebiete aufgenommen, die in jeder Nummer zu finden ist. — Im Sinne des Selbstreinigungsprinzipes wird es allerdings das Interesse des Einsenders sein, nicht willkürlich neue Sachgebiete zu erfinden, die sich vielleicht sogar mit bereits bestehenden decken: Er riskiert dann, daß Leser, welche gewöhnt sind, in erster Linie auf die ihnen bereits bekannten Sachgebiete zu achten, seinen Beitrag übersehen, obwohl er für sie von Interesse sein könnte.

FÜR befreit sich von unnützem Ballast, indem

Sachgebiete, die lange Zeit nicht mehr angesprochen wurden, nach festgelegter Frist automatisch aus dem Sachregister verschwinden. So findet FÜR durch Selbstanpassung zu den Themenkreisen, in denen es benötigt wird. Das hindert niemanden daran, auf alte Beiträge Bezug zu nehmen und dadurch ein Sachgebiet wieder aufleben zu lassen. Um auch die Übersicht über längere Zeiträume zu behalten, soll einmal jährlich ein Verzeichnis aller im Jahr angesprochenen Sachgebiete und Beiträge erscheinen.

Ausblicke

So unscheinbar FÜR äußerlich auch scheinen mag, ist es doch in dieser einfachsten Form imstande, die weitreichenden Auswirkungen hervorzurufen, die wir im Kapitel „Auswirkungen sozialer Verständigungssysteme" noch genauer besprechen werden. Sie ergeben sich nicht aus dem äußeren Erscheinungsbild von FÜR oder zukünftiger Systeme. Sie entstehen einer eigenen Logik gehorchend, die sich von der bisher bekannten Machtlogik grundlegend unterscheidet, doch nicht weniger wirksam ist.

Durch FÜR entsteht eine Verständigungsgemeinschaft, die für alle Meinungen offen bleibt, keine Machtstrukturen ausbildet und niemandem die Teilnahme verwehren kann.

Diese Aufgabe unterscheidet sich von der einer Zeitung so grundlegend, daß weder eine Konkurrenzsituation vorliegt, noch auf die Arbeit jener Medienfachleute, die sich bisher für freie Meinungsäußerung einsetzen, in irgendeiner Weise verzichtet werden könnte. Auch FÜR wird ihre Unterstützung brauchen. Es sind zwei verschiedene Welten, die sich im Interesse der Menschen eines Landes durchaus ergänzen können. Während zum Beispiel eine Zeitung das Interesse der Leser durch Auswahl und Verpackung der Information zu gewinnen trachten muß, wird das Interesse an FÜR gerade durch das Gegenteil erreicht: durch Inhalte und Aussagen, die keiner gesteuerten Auswahl unterliegen und daher unvorhersehbar und überraschend sein können. Darüber hinaus sind von den unmittelbaren Aussagen so vieler Menschen — nicht eines festen Mitarbeiterstabes — Lebendigkeit und Ausdruckskraft zu erwarten, die besondere Ansprechwirkung haben werden.

Herausragende Meinungen, Vorschläge oder Ideen könnten, weil sie machtfrei gewonnen wurden, auch dann schon für eine größere Öffentlichkeit interessant sein, wenn FÜR noch verhältnismäßig klein ist. Berichte der Zeitungen über solche Ergebnisse würden die ergänzende Beziehung der Massenmedien als Verstärker für brauchbare Ideen unterstreichen.

Unabhängig von den Auswirkungen, die FÜR als machtfreies Verständigungssystem hervorrufen wird, ist eine Signalwirkung auf die heute so weit verzweigten, ja überhandnehmenden öffentlichen und privaten Verwaltungen zu erwarten. Wenn es gelingt, ein gesundes FÜR ins Leben zu rufen, wäre nämlich der Beweis erbracht, daß Verwaltungsverfahren verwirklichbar sind, die ohne Verbote und angedrohte Strafen ein Zusammenwirken vieler ermöglichen. Während herkömmliche Verwaltungsapparate labilen Systemen gleichen, die nur durch äußere Zwangskräfte dauerhaft im Gleichgewicht gehalten werden können, wird FÜR ein selbstregelndes soziales System sein. Während labile Systeme stets in Gefahr sind „umzukippen“, geht FÜR infolge des Selbstreinigungs-, des Evolutionsprinzips, der Selbstregelung und Selbstanpassung selbsttätig in einen Zustand stabilen Gleichgewichts über. Wir sind überzeugt, daß diese Vorgänge reibungslos vor sich gehen werden, solange sich niemand anmaßt, von außen durch Machteinflüsse die Prinzipien der Machtfreiheit zu verletzen. Die gesetzlichen Einschränkungen werden mit der Zeit, so weit es sich als nötig erweist, behoben werden.

Selbst wenn FÜR durch Einflüsse, die nicht vorhersehbar sind, nur einen bescheidenen Aufschwung nehmen sollte, sehen wir seinen Wert als gegeben an. J e d e Zahl von Menschen, die sich miteinander zu verständigen wünschen, ohne deshalb gezwungen zu sein, sich organisatorisch zu binden, rechtfertigt das Bestehen von FÜR. Da die Fixkosten durch das Fehlen eines Redaktionsstabes gering sind, könnte FÜR sich auch an kleine Abonnentenzahlen anpassen und mit entsprechend geringer Auflage trotzdem lebensfähig bleiben. Wahrscheinlich werden an anderen Orten ähnliche Gemeinschaften entstehen, die sich wieder in einem gemeinsamen Verständigungsnetz zusammenschließen werden, um ihre Reichweite zu erhöhen.

Während bei einer Zeitung das Ziel erreicht ist, wenn genügend Exemplare einer Nummer verkauft sind, werden von FÜR weitere Auswirkungen erwartet. Der Verkauf von FÜR kann nicht Endzweck sein. Von einer Verständigung zwischen Menschen, wie sie durch FÜR erreicht werden soll, kann erst gesprochen werden, wenn die Äußerungen in FÜR auch zu Antworten, zu Kontakten, gemeinsamen Aktionen und Auswirkungen führen. In der Vielfalt der dadurch möglichen menschlichen Bezieungen dürfte genügend Ansporn liegen, brachliegende Energien freizusetzen.

Dieser erste Entwurf von FÜR zeigt sehr deutliche Einschränkungen gegenüber der Idealvorstellung eines machtfreien Raumes der Verständigung. Sowohl durch die verwendete Verständigungstechnik als auch durch die Rechtslage sind Rahmenbedingungen abgesteckt, die sich auf die Verständigung auswirken. Innerhalb dieses Rahmens allerdings kommt es darauf an, die Aussagen der Teilnehmer ohne Ausnahme und unbestechlich gleich zu behandeln. Der so entstehende reale machtfreie Verständigungsraum geht von den im Staat gegenwärtig vorgefundenen Rahmenbedingungen aus, innerhalb deren Grenzen völlige Machtfreiheit des Verständigungsverfahrens garantiert wird. Aufgabe der Teilnehmer ist es dann, ihr Verständigungssystem durch evolutionäres Verändern der Rahmenbedingungen immer weiter an den idealen machtfreien Verständigungsraum heranzuführen.

Hier wie im weiteren gilt, daß FÜR in dieser Form ein erster Versuch ist und sich an die weiteren Bedürfnisse oder Vorschläge aus dem Teilnehmerkreis ständig anpassen soll und wird. Die Diskussion darüber wird sich unter den Augen der Öffentlichkeit in FÜR selbst abwickeln. Ziel der Diskussion sollte sein, FÜR wirklich zu dem zu machen, oder zu dem werden zu lassen, wozu es entworfen worden ist: einem Instrument der Verständigung, dessen sich jeder gern bedient.

6

EINE ZUKÜNFTIGE VERWIRKLICHUNG

Ein Verständigungssystem nach dem Modell von FÜR kann durch seine Bindung an bedrucktes Papier behindert werden. Wenn die Teilnehmerzahl über eine kritische Grenze anwächst, könnte die Verständigung in eine Materialschlacht ausarten, wie sie seit langem im Bereich des Zeitungswesens, der Werbeschriften und Postwurfsendungen für normal gehalten wird. Sowohl die Übersichtlichkeit als auch die zeitliche Ungebundenheit der Teilnehmer könnten dabei verlorengehen. Das Interesse könnte angesichts der ins Haus flatternden Papierberge die bekannte Überforderung erfahren. Ein Gesundschrumpfen der Teilnehmerzahl wäre die Folge; allerdings zum Nachteil der bereits erzielten Reichweite der Verständigung. Man wird v o r diesem Zeitpunkt über die günstigste Größe eines lokalen Verständigungssystems nachdenken müssen. Zuallererst wird man auf Mittel und Wege sinnen müssen, den einzelnen Teilnehmer vor der Papierflut zu bewahren und ihm doch alles zu bieten, was ihn interessiert.

Zum Beispiel könnte man ihm anbieten, wann immer er es für nötig hält, sein augenblickliches Interessenprofil einzusenden. Er würde dann nur jene Beiträge erhalten, die den bestellten Themenkreisen entsprechen.

Um dem einzelnen Teilnehmer zusätzlich einen Überblick über die Gesamtentwicklung zu geben, könnte er ein Monatsheft erhalten, in dem er die Hauptentwicklungen in allen Themenkreisen erkennen kann. Hier werden die Themen, Fragestellungen und Aussagen in der Reihenfolge des Interesses genannt, das an der Zahl der Verknüpfungen und Bezugnahmen sichtbar wird.

Der Teilnehmer wird auch erkennen können, wie groß das derzeitige Forum im jeweiligen Themenkreis ist. Anhand des Monatsheftes wird er sein Interessenprofil der Entwicklung anpassen können.

Mit dem Entwurf von FÜR haben wir ein mögliches Beispiel eines machtfreien Verständigungsraumes beschrieben. Die Machtfreiheit bezieht sich darin nur auf das unbestechliche Abwicklungsverfahren, mit dem die Einsendungen ohne Einflußnahme von außen völlig gleich behandelt, verfügbar gemacht und weitergeleitet werden. Im Kapitel über die Grenzen machtfreier Verständigung werden wir überlegen, welchen Einfluß die machtorientierte Umwelt auf die Aussagen im machtfreien Verständigungsraum ausübt, und wie sie sich in ihm abbildet. Zunächst aber wollen wir die Entwicklung des sozialen Verständigungssystems einen Schritt weiter in die Zukunft verfolgen.

Zeitungebundene Verständigung

Das Interesse an Informationen wird immer dann überfordert, wenn sie zwangsweise übermittelt werden. Wir erleben es täglich, daß der Postkasten übergeht oder daß das Telefon läutet, wenn gerade dafür keine Sekunde Zeit übrig ist. Selbst im Gespräch empfinden wir den endlosen Wortschwall eines Vielredners als Zumutung.

Machtfreie Verständigung soll von Zeitdruck und aufgedrängter Information freigehalten werden. Zum Beispiel soll auch in Zukunft nicht der Zwang eintreten, daß Verständigungsvorgänge nur zu bestimmten Zeiten stattfinden und alle Teilnehmer gebeten werden müssen, sich zur vereinbarten Stunde an bestimmten Orten einzufinden oder ihre Fernsehgeräte einzuschalten.

Schon in FÜR deutet sich eine neue Art von Verständigung an, die von all diesen Zwängen frei bleibt. Anders als bei Rede und Gegenrede ist die zeitliche Aufeinanderfolge der Aussagen nicht notwendig, um ihre Beziehungen aufrechtzuerhalten. Die Beziehung zweier oder mehrerer Aussagen aufeinander wird durch Querverweise und Verknüpfungspunkte von den Teilnehmern selbst hergestellt. Dadurch entsteht für die Teilnehmer die Freiheit, sich ohne zeitliche Einschränkung, also im Rahmen ihrer eigenen Zeiteinteilung an der Verständigung beteiligen zu können.

Wie sich noch herausstellen wird, zählt die zeitungebundene Verständigung zu den grundlegenden Voraussetzungen machtfreier Verständigung. Ein Überrumpeln des Gegners, wie es etwa bei Konferenzen durch eine ausgeklügelte Zeiteinteilung der Tagesordnung, oder durch Wortentzug und „An-sichreißen“ des Schlußwortes vorkommen kann, ist im machtfreien Verständigungsraum nicht möglich. Jedes Thema, jede Aussage liegt unauslöschlich auf und kann zu beliebiger Zeit wieder aufgegriffen werden. Ein Schlußwort gibt es nicht. Solange Menschen zum Thema etwas zu sagen haben und darauf Echo finden, setzt sich die Verständigung fort.

Es ist Aufgabe der Administration oder des automatischen Verfahrens, anhand der von den Teilnehmern kommenden Verknüpfungsanweisungen ein leicht überschaubares Netz aller Aussagen zu bilden. Je besser diese Dienstleistung organisiert wird, desto leichter können die Teilnehmer die Interessensschwerpunkte erkennen. Die Verständigungsvorgänge selbst laufen zwar von dieser Dienstleistung unbeeinflußt ab, sie werden aber durch Übersichtlichkeit gefördert. Bei geeigneter Organisation und gutem Überblick kristallisieren sich die Interessensschwerpunkte vor den Augen der Teilnehmer von selbst heraus.

Vom Zwang befreit, sich zu einem bestimmten Zeitpunkt in eine laufende Verständigung einzuschalten, kann sich der Teilnehmer in aller Ruhe auch an mehreren Verständigungsvorgängen zugleich beteiligen.

Einer der großen Vorteile zeitungebundener Verständigung im machtfreien Verständigungsraum ist das unauslöschliche Bestehenbleiben einmal gestellter Fragen. Offene Fragen können über Jahre und Generationen sichtbar bleiben, ohne in den Schubladen von Institutionen zu verschwinden. Man könnte schon in FÜR Methoden überlegen, um offen gebliebene Fragen immer wieder sichtbar zu machen. Ungenügende Antworten lösen neue Fragen aus. Es ist ehrlicher und zielführender, Fragen offen zu lassen, als ihre Lösung nur vorzutäuschen. Die Täuschung hat im machtfreien Verständigungsraum die geringsten Erfolgsaussichten.

Unter diesen Voraussetzungen wird der Bildungswert offener Fragen neu entdeckt werden. Es wird die Jugend interessieren, welche Fragen von der älteren Generation nicht gelöst werden konnten. Der Generationskonflikt kann so Anlaß zu positivem Wetteifern im Interesse aller geben. Wurde früher Bildung darin gesehen, Wissensstoff auswendig herzusagen, und bedeutet sie heute ein eher passives kritisches Bewußtsein, so wird sie unter diesen Bedingungen in einem aktiven Zusammenspiel von Fragen und Antworten im Interesse der Allgemeinheit gesehen werden.

Es ist der Vorteil dieser Generation, über technische Mittel zu verfügen, die das kritische Mengenproblem lösen, das durch einen wachsenden machtfreien Verständigungsraum entsteht. Technische Errungenschaften sind aber gleichzeitig auch Geschenke an die Mächtigen und Diktatoren, denen sie laufend neuen Machtzuwachs in die Hände spielen. Ob es sich um neue Verkehrsmittel, Energiequellen oder Nachrichtensysteme handelt, immer statten sie nur einen Teil der Menschen mit neuen Mitteln aus, über die sie frei verfügen können, während der Rest der Gesellschaft von der entstehenden Verfügungsmacht abhängig wird.

Auch die neuen Informationstechnologien, samt dahinterstehenden Computern und Datenbanken sind in diesem Sinn Geschenke an die herrschende Macht. Mit ihrer Hilfe läßt sich das Netz der Überwachung des Staatsbürgers so engmaschig knüpfen, daß es keinem gelingen kann, den von der Staatsmacht verhängten Kontrollen zu entgehen.

Auch in westlichen Demokratien fühlen sich Staatsbürger zunehmend von Computern betreut und überwacht. Hier allerdings wird daran gearbeitet, den einzelnen Bürger vor Mißbrauch seiner persönlichen Daten zu schützen. Datenschutzgesetze sollen ihm Rechtsmittel zugänglich machen, mit denen er sich gegen private oder staatliche Organisationen wehren kann, wenn diese versuchen, in seine Privatsphäre einzubrechen.

Durch Computersysteme ergänzte Massenmedien werden in naher Zukunft einen unabsehbaren Einfluß auf die Meinungsbildung ausüben. Jede Gesellschaft, die diese neue Technologie in den Streit um die Meinungsmonopole mit einbezieht, läuft Gefahr, von neuen, beinahe ungreifbaren, aber dafür um so wirksameren Kampfmitteln gegen die demokratische Freiheit überwältigt zu werden.

Der Ausweg, die Massenmedien einfach davon freizuhalten, ist aufgrund der bereits jetzt wirksamen politischen und wirtschaftlichen Interessen nicht mehr möglich. Es geht heute nicht mehr um die Frage, ob Computer in Massenmedien eingesetzt werden sollen — sie werden zum Einsatz kommen, wo sie es nicht schon sind. Die Frage, die uns beschäftigen muß, ist: wie wir verhindern können, daß sie in den Dienst der Machtkonzentrationen gestellt und dort gegen den einzelnen mißbraucht werden. Von mindestens gleich großer Bedeutung ist es, nach ihrem wünschenswerten Einsatz zu fragen, das heißt, zu untersuchen, *wie* die neuen Technologien aus der Sicht des einzelnen mit Sinn erfüllt werden können.

Von dieser Zielsetzung ausgehend haben wir die Prinzipien machtfreier Verständigung entwickelt: Der machtfreie Verständigungsraum ist das genaue Gegenteil einer Machtkonzentration. Alle Aussagen und Inhalte sind darin von einzelnen Menschen ohne Berufung auf Autorität oder Macht formuliert. Uns geht es darum, die Leistungsfähigkeit des Computers nicht in den Dienst der Macht, sondern in den Dienst des einzelnen zu stellen, damit er sich auch einer beliebig großen Gemeinschaft mitteilen und von ihr Antwort erhalten kann.

In vielen Diskussionen mit Interessierten kam die Besorgnis zum Ausdruck, der Computer sei für die meisten Menschen undurchschaubar und dürfe daher nicht als Mittel der machtfreien Verständigung eingesetzt werden. Geht man aber von der realen Tatsache seines unaufhaltsam fortschreitenden Einsatzes aus, so stehen wir vor der Aufgabe, seinen Gebrauch menschen- und lebensgerecht zu gestalten.

Ein Verständigungssystem, in dem die Prinzipien machtfreier Verständigung eingehalten werden, ist grundsätzlich in seiner Funktionsweise von der Technologie unabhängig. Die technologische Entwicklung kann aber wirkungsvollere Verständigungseinrichtungen hervorbringen. Sie kann die Reichweite der Verständigung erhöhen und den Gedankenaustausch beschleunigen. Sie kann das Aufsuchen der Aussagen erleichtern und trotz wachsender Teilnehmerzahlen eine bessere Übersicht garantieren. Sie kann auch in Richtung darauf entwickelt werden, den Mißbrauch machtfreier Verständigung einzuschränken oder auszuschließen.

Der Anstoß zur Verständigung soll ganz vom einzelnen Teilnehmer ausgehen. Wenn er sich mit anderen verständigen will, so soll er es tun können, ohne diese zu belästigen. Das Forum der übrigen Teilnehmer soll die Möglichkeit erhalten, auf seine Aussage aufmerksam zu werden, es soll aber nicht durch direkte Kontaktaufnahme zur Aufmerksamkeit gezwungen werden.

Die Technik, die dieses Problem löst, könnte vergleichend als ein Postkasten beschrieben werden, der nie ausgehoben wird. Die Teilnehmer werfen ihre Aussagen hinein. Im Postkasten werden sie in ein Speicherungssystem eingereiht, wobei alle von den Teilnehmern angegebenen Verknüpfungen in ein übersichtliches Netz von Verständigungsvorgängen eingeordnet werden. Nun wird der ganze Inhalt des Postkastens nach außen sichtbar gemacht; mit Verzeichnissen und Suchhilfen, die den Betrachter entlang der Verständigungspfade führen und ihm so das Netz der Verknüpfungen erschließen.

In der Fachsprache nennt man den eben geschilderten Postkasten eine Datenbank. In unserem Fall ist es allerdings eine sehr spezielle Datenbank, die hohe Anforderungen an die Technologie stellt.

In dieser Verwendungsform ist der Computer kein Überwachungsinstrument im Dienste der Macht, sondern er übernimmt für den einzelnen die Aufgaben einer Hilfskraft, die alles übersichtlich zu ordnen und zu verwalten hat; peinlichst genau und mit unvorstellbarer Geschwindigkeit, ohne daß Menschen eingreifen müssen oder dürfen. Seine Aufgabe ist es, den Postkasteninhalt übersichtlich zu ordnen, in Inhaltsverzeichnissen zu registrieren und nach den Anweisungen der Teilnehmer zu verknüpfen. Schließlich muß er jede Aussage leicht auffindbar machen, indem er den Interessierten beim Suchen hilft und ihm die gefundene Aussage am Bildschirm oder auf Papier ausgibt.

Wer sich informieren oder mit anderen verständigen will, kann sich nun den Inhalt des „Postkastens" ansehen und seine Aussagen an vorhandene anknüpfen oder neue Fragen an das Forum richten, indem er sie in den „Postkasten" einwirft.

Dank der heute verfügbaren Informationstechnologie können Tausende Frage-Antwort-Spiele, Diskussionen und Mitteilungen gleichzeitig und doch geordnet nebeneinander ablaufen.

Im Einsatz für machtfreie Verständigung wird der Computer zum Gegenteil eines Machtinstruments. Seine strenge Programmlogik kann dazu verwendet werden, alle Einsendungen exakt gleichartig zu verarbeiten und jeden willkürlichen menschlichen Eingriff, jede dirigistische Maßnahme auszuschließen.

Die Informationsspeicher eines zukünftigen Verständigungssystems werden in einem Computernetz über das ganze Land verteilt sein. Die lokalen, regionalen und überregionalen Datenbanken stellen die Lagerstätten für Nachrichten dar, die von einzelnen Menschen für alle anderen hinterlassen werden. Den Teilnehmern wird aller Aufwand für die Aufbewahrung und Verfügbarhaltung der anwachsenden Menge von Einsendungen abgenommen.

Der zukünftige machtfreie Verständigungsraum entwickelt sich zu einem Eingabe- und Abfrage-System, dessen vollautomatischer Betrieb von geographisch verteilten Dienstleistungsstellen verwaltet wird. Das Gesamtsystem ist geschützt und technisch gegen Mißbrauch versiegelt, während es gleichzeitig allen Menschen zur freien Benützung offen steht.

Die technologische Entwicklung führt in dieser Anwendungsform zu einer Art der Verständigung, bei der zur zeitlichen Ungebundenheit auch noch die völlige Ortsungebundenheit hinzukommt. Je rascher die Verständigungsvorgänge ablaufen werden, und je weniger sie an einen Periodenrhythmus gebunden sein werden, desto unmittelbarer und menschlicher werden die Kontakte auch über große Entfernungen hinweg sein. Ein Erfolg, der sich durch zusätzliche Übertragung von Bild und Ton noch unmittelbarer gestalten und verstärken ließe.

Der Beitrag eines Teilnehmers ist allen anderen auf gleiche Weise zugänglich. Der Kontakt zwischen Menschen ist im machtfreien Verständigungsraum kein Zufall. Sie begegnen einander vielmehr über das gewählte Thema, das angesprochene Problem, die gemeinsame Suche nach Lösungen, den Austausch von Fragen und Antworten. Es werden plötzlich Menschen einander etwas zu sagen haben, die einander sonst niemals kennengelernt hätten. Eine Frage, die in Wien gestellt wird, kann in Hamburg, Berlin oder Zürich ihre Antwort finden.

Über die Entfernung hinweg können menschliche Beziehungen aus der überraschenden Erfahrung geistiger Übereinstimmung entstehen. Was zuerst als unerwarteter, jedoch erfreulicher Kontakt im sozialen Verständigungssystem beginnt, kann sehr bald zu echter persönlicher Freundschaft werden, die nicht einer zufälligen Begegnung entsprungen ist, sondern sich aus einer geistigen Auseinandersetzung mit vielen Mitmenschen ergeben hat.

Die Verlegenheit, mit Teilnehmern in Kontakt getreten zu sein, denen man nichts zu sagen hat, kann im sozialen Verständigungssystem nicht eintreten. Da der Kontakt zwanglos und zeitungebunden hergestellt wird, also Personen nicht zufällig miteinander verbindet, werden niemals Verlegenheitsgespräche über das Wetter oder andere Zeittöter darin zu finden sein.

Wie schon in FÜR wird der Erfolg einer Einsendung von der Fähigkeit des Einsenders abhängen, seine Aussage an der Stelle anzuknüpfen, wo andere Teilnehmer mit den gleichen Interessen sie auch finden können. Ein lokales Problem einer Kleinstadt wird im überregionalen oder staatsweiten sozialen Verständigungssystem kein Echo finden. Eine Aussage, die im richtigen lokalen, regionalen oder überregionalen „Postkasten" gelandet ist, wird von den Teilnehmern besser gefunden werden, wenn sie sinngemäß in den entsprechenden Themenkreis gestellt und mit vorhandenen Aussagen verknüpft worden ist.

Ein zukünftiger Verständigungsvorgang

Das handelsübliche Fernsehgerät wird schon in naher Zukunft immer mehr leisten können. Mittels Tastendruck wird der Benützer jederzeit vom Fernsehprogramm auf spezielle Informationskanäle umschalten können. Mit Hilfe einer Art Schreibmaschine, die an den Fernseher angeschlossen ist, wird er sich mit einem Computer unterhalten können. Im sogenannten Dialogbetrieb wird er mittels Tastatur und Bildschirm vom Computer die verschiedensten Dienstleistungen anfordern. Er wird Geschicklichkeitsspiele auf seine Mattscheibe zaubern, sich mit Rätseln, Fernsehkursen, Videoaufzeichnungen von Unterhaltungsprogrammen beschäftigen, die Bildschirmzeitung lesen, Nachrichten zu beliebiger Zeit sehen, den Wetterdienst für bestimmte Gebiete abfragen und anhand von Versandkatalogen Bestellungen aufgeben. Ein Tastendruck wird es jederzeit erlauben, eine Kopie des momentanen Bildes auf Papier anzufertigen, um eine dauernde Unterlage in Händen zu haben.

Eine der zukünftigen Aufgaben des Fernseh-Informationssystems wird aller Voraussicht nach das Betreiben eines sozialen Verständigungssystems sein, seine Betreuung durch Computerprogramme und die Verwaltung seiner Datenbestände.

Sobald sich der Teilnehmer in das soziale Verständigungssystem einschaltet, beginnt ein eigenes Programm seine Mitwirkung zu unterstützen. Zuallererst veranlaßt es ihn, sich mit Hilfe seiner Schreibmaschine auszuweisen.

Dann muß sich der Teilnehmer darüber klar werden, ob er sich mit lokalen, regionalen, staatlichen oder internationalen Problemen beschäftigen will, und das entsprechende Stichwort angeben. Dadurch eröffnet sich ihm eine nahezu unbegrenzte Informationsfülle. Es ist nun Aufgabe des Computerprogramms, ihn durch ein Frage-Antwort-Spiel an die interessierenden Aussagen heranzuführen. Der Bildschirm wird dabei zum Suchgerät, das ihm auf wirksame Weise hilft, auch den unscheinbarsten Sachverhalt innerhalb der ungeheuren Menge aller Aussagen schnell aufzufinden.

Zunächst kann er durch eine Grobauswahl den Bereich wählen, in den er vordringen will. Das Computerprogramm untergliedert diesen nun in Teilbereiche, aus denen er sich wieder einen interessanten auswählt. Durch fortgesetzte Auswahl aus stufenweise verfeinerten Gliederungen dringt der Teilnehmer sehr schnell zu seinem eigentlichen Anknüpfungspunkt vor.

Nun entscheidet er über die Art der Informationen, die ihn dort interessieren. Er kann sich zum Beispiel die noch offenen und die neu eingetroffenen Fragen ansehen. Oder er kann sich dafür entscheiden, die bis dahin erfolgte Verständigung nachzuvollziehen, um sich so einen Überblick zu verschaffen, bevor er selbst daran teilnimmt. Er kann aber auch sofort nach Problemstellungen und den dazu eingegangenen Lösungsvorschlägen suchen.

Bei jedem dieser Auswahlvorgänge erhält er zuerst einen Überblick über die Zahl der vorliegenden Titel und den Umfang der dazu gehörenden Texte. War seine Auswahl zu umfangreich, so kann er sie nach mehreren Gesichtspunkten, wie Zeitangaben, speziellen von ihm gewählten Suchbegriffen, aber auch Gewichtungen — auf die wir noch zu sprechen kommen — so lange eingrenzen, bis er einen überblickbaren Textumfang erhält. Auch aus diesen Texten kann er noch jene auswählen, in denen bestimmte Begriffe vorkommen, ohne die ihn die Aussage nicht interessieren würde.

Die Suche kann auch anhand beliebiger Suchworte vorgenommen werden. Das unterstützende Computerprogramm meldet sich nach einiger Suchzeit wieder und sagt aus, wie oft der Suchbegriff im Text des eingegrenzten Themenkreises vorkommt. Auf Wunsch kann nun jede dieser Textstellen sofort betrachtet werden.

Von nun an trifft er seine weitere Auswahl anhand der angezeigten Titel. Beim Titel jedes Beitrages findet er das Datum der Eingabe, den Namen des Autors und den Bezugsbegriff, den er eingeben müßte, wollte er zu der vorliegenden Aussage Stellung nehmen. Zusätzliche statistische Angaben über die Zahl der bisher aufgetretenen Beobachtungen dieses Titels und Textes, die Zahl der bereits daran geknüpften Aussagen und die Zahl spontaner Bejahungen oder Verneinungen der Aussage ergänzen das Bild jedes Titels.

Findet der Suchende an einem Titel Interesse, so kann er den dazugehörenden Kurztext aufrufen, in welchem ihm der Verfasser in kürzestmöglicher Form mitteilt, was ihn im Langtext erwartet. Anhand des Titels und der daran geknüpften Kurzaussage kann der Suchende bereits gut erkennen, ob sich das Aufrufen des Langtextes lohnen wird. Läßt er sich vom Gerät Arbeitsunterlagen ausdrucken, so kann er das Material in Ruhe bearbeiten. Die ausgegebenen Blätter enthalten alle Zusatzinformationen, die ihm später den Text ohne Suchvorgang wieder direkt zugänglich machen. Falls vom Autor vorgesehen, enthalten sie auch dessen Adresse oder Telefonnummer für direkte Kontaktaufnahme.

Es kann auch vorkommen, daß dem Teilnehmer während seiner Suche ein Vorschlag auffällt, den er spontan bejahen möchte. Das kann er tun, indem er eine spezielle JA-Taste oder im Ablehnungsfall eine NEIN-Taste drückt. Das System zählt für jede gespeicherte Aussage diese spontanen JA- und NEIN-Stimmen mit. Es überwacht auch, daß ein Teilnehmer zu einem Beitrag nur einmal entweder eine JA- oder NEIN-Stimme abgeben kann. Auch durch wiederholten Aufruf derselben Aussage können mehrfache Stimmabgaben nicht vorgetäuscht werden.

Ist der Teilnehmer einmal an die gesuchten Themen und Inhalte herangekommen, so kann er die daran geknüpften Aussagen in vielen Richtungen weiterverfolgen. Zum Beispiel kann er zeitlich zurückverfolgen, wie es zu der vorliegenden Aussage kam. Er kann also im nachhinein Zeuge einer Diskussion werden, die sich über längere Zeit zwischen beliebigen, gleichberechtigten Diskussionsteilnehmern über ein Thema ergeben hat. Er wird dabei wahrscheinlich feststellen, daß eine Aussage zu weiteren Beiträgen führt, die sich mit Haupt- und Seitenthemen beschäftigen, bis der gesamte Aussagenbereich ausreichend behandelt worden ist.

Im allgemeinen wird eine eingegebene Nachricht, soferne sie nicht ein völlig neues Thema eröffnet, auf andere Aussagen Bezug nehmen und dadurch mit ihnen verknüpft sein. Es wird sich bei interessanten Themen ein Netz von Verknüpfungen und Querverweisen ergeben, die der Teilnehmer mit Hilfe des unterstützenden Computerprogrammes mühelos absuchen kann.

Um dem Verfasser Anhaltspunkte über das Schicksal seines Beitrages zu geben, wird jeder Beobachtungsvorgang, den sein Beitrag auslöst, mitgezählt. Jede Beobachtung eines Titels, eines Kurz- oder Langtextes erhöht den entsprechenden Beobachtungszähler des Titels, Kurztextes oder Langtextes um eins. Es ist für alle Teilnehmer wertvoll zu wissen, wie oft eine Aussage Beachtung gefunden hat.

Jede weitere Eingabe, jede Stellungnahme, jede Frage, jeden Vorschlag, jede Folgerung, mit der der Beobachter in die Diskussion eingreifen möchte, wird er wieder mit einem Titel und einem Kurztext, meist gefolgt von einem längeren Text, an die Aussagen anknüpfen, auf die er sich bezieht. Er kann seinen Beitrag nach freiem Ermessen auch mit anderen Themenkreisen verknüpfen, wenn er meint, der Beitrag wäre dort interessant. Auch bei der Wahl von Ordnungsbegriffen für das Suchsystem sind ihm keine Beschränkungen auferlegt. Er wird jedoch im eigenen Interesse darauf achten, seinen Beitrag folgerichtig einzureihen. Für das Zusammenstellen des Beitrages benützt der Teilnehmer seinen Fernsehschirm und die angeschlossene Schreibmaschine.

Der Vorgang des Formulierens ist zeitlich nicht gebunden. Er kann unterbrochen und jederzeit fortgesetzt und abgeschlossen werden. Nach einigen formalen Prüfungen, die den Teilnehmer auf eventuelle Fehler aufmerksam machen, übernimmt das Verständigungssystem den Beitrag, ordnet ihn ein und stellt die gewünschten Verknüpfungen her. Nachdem die Eintragungen in die Inhaltsverzeichnisse vorgenommen und alle Zähler angelegt und bereitgestellt worden sind, ist der Beitrag Bestandteil des allgemeinen Verständigungssystems.

Der Teilnehmer kann sich sofort durch einen Aufruf seines Beitrages überzeugen, daß alle Eintragungen und Verknüpfungen angelegt wurden und die Zähler auf Null stehen. Schon nach kurzer Zeit wird er feststellen können, ob und welche Vorgänge seine Aussage auszulösen beginnt und wie sie ankommt. Zum Beispiel könnte er an mangelnden Aufrufen seines Langtextes, doch zahlreichen Kurztextaufrufen erkennen, daß seinem vielversprechenden Titel eine zu schwache Aussage im Kurztext gefolgt ist. Das Verhältnis von Beobachtungen zu spontanen JA- und NEIN-Stimmen kann ihm Anhaltspunkte geben, wie gut er an seine Mitmenschen herankommt und wie er mit ihnen übereinstimmt.

Nimmt die Zahl der Beobachtungen zu und treffen auch Antworten und ergänzende Meinungen ein, so verfügt der Beobachter über aussagekräftigere Ergebnisse, als wenn er selbst Leute ausgewählt und befragt hätte. Er wird im Lauf seiner Mitwirkung im sozialen Verständigungssystem lernen, seine Mitmenschen unmittelbarer anzusprechen und auf ihre Gedanken besser einzugehen, um auch die eigenen Überzeugungen begreiflicher zu machen. Manche unausgegorene Vorstellung wird dadurch auf den Boden der Wirklichkeit zurückfinden, bevor sie zur fixen Idee wird und als Entfremdung oder als Grundlage von Gewalt und Terror in Erscheinung tritt.

Die Gewichtung der Aussagen

Wie wir gesehen haben, ist das Interesse an einzelnen Aussagen im sozialen Verständigungssystem anhand mehrerer Merkmale zu erkennen: Die geistige Auseinandersetzung ist an der wachsenden Anzahl von Verknüpfungen mit der ursprünglichen Aussage erkennbar, der Bewußtwerdungsvorgang an der Zahl der Beobachtungen, mit denen sich die Teilnehmer für die Ergebnisse und den Verlauf der Diskussion interessieren.

Im sozialen Verständigungssystem entsteht also

nicht nur ein Netz miteinander verknüpfter Aussagen, sondern über den Millionen Aussagen sind, wie Berge und Täler in einer Landschaft, die Anhäufungen und das Ausbleiben des Interesses zu erkennen.

Mit Hilfe des unterstützenden Computerprogramms kann nun jeder auf seine Weise Meinungsforschung betreiben. In dem von ihm nach freiem Ermessen eingegrenzten Themenkreis kann er sich die Aussagen in der Reihenfolge des Interesses anzeigen lassen, das sie bis jetzt gefunden haben. Er kann aber auch fragen, welche Aussagen auf die größte spontane Zustimmung oder Ablehnung gestoßen sind.

Die Entwicklung des machtfreien Verständigungsraumes sollte dahin gehen, die in ihm aufgezeichneten Vorgänge nicht mehr zu löschen. Mit einem staatsweiten sozialen Verständigungssystem würde die Gesellschaft eines Staates über die Jahre und Jahrzehnte ein jederzeit überschaubares, vollständiges Abbild ihrer geistigen Entwicklung erhalten.

Die Themen und Meinungen, die in einem bestimmten Zeitraum der Vergangenheit großes Interesse erweckt haben, würden dadurch ebenso sichtbar bleiben, wie man innerhalb eines einzigen Themas die Interessenschwerpunkte von der Vergangenheit bis in die Gegenwart verfolgen könnte.

Als Entwicklungsziel sind daher Speicher anzustreben, in denen alle Aussagen, Verknüpfungen und Gewichtungen Platz finden, ohne je wieder gelöscht oder reorganisiert zu werden. Dann wird es möglich, auch auf bereits geschichtlich gewordene Aussagen wieder Bezug zu nehmen. Eine Idee, die ihrer Zeit voraus war, kann im nachhinein wiederentdeckt werden. Sobald sie Interesse auf sich vereint, kann sie zum Ausgangspunkt eines neuen Netzes von Gegenwartsaussagen werden, in denen sie das gebührende Gewicht erhält.

Machtbezogene Interpretationen oder Versuche der Geschichtsfälschung wären dann kaum mehr möglich, weil sich voraussichtlich alle Entwicklungen von entsprechender Tragweite in dieser nicht manipulierten und später nicht mehr veränderbaren Form widerspiegeln werden. Das soziale Verständigungssystem wird zu einer leicht zugänglichen Quelle authentischer Geschichtsforschung.

Der Bildungseffekt, den die im Lauf der Jahre wirksam gewordenen Interessensschwerpunkte ausstrahlen, würde dazu führen, daß man auch die Zeitgeschichte der jüngeren Vergangenheit im Unterricht anhand von Tatsachen behandeln könnte.

Da der machtfreie Verständigungsraum der Jugend nicht verschlossen werden darf, hat sie in ihm mit ihrer freien Meinung die gleichen Erfolgsaussichten wie die ältere Generation. Das Alter des Teilnehmers wie sein Bildungssgrad werden nicht genannt werden, damit alle, auch die Jugendlichen, unter gleichen Bedingungen antreten können. Für die teilnehmende Jugend setzt im machtfreien Verständigungsraum ein Bildungsvorgang ein, ohne daß das Unterrichtsministerium eine offizielle Lehrmeinung abgrenzen kann und darf, oder nachträgliche Gewichtsverschiebungen vornehmen könnte. Ein neues Feld der Selbstschulung in den verschiedensten Problembereichen wird damit eröffnet. Wir sehen darin eine Möglichkeit, die Intelligenz der Jugend frühzeitig anzuerkennen und auch wirksam werden zu lassen. Die Gelegenheit, aus eigenem Antrieb und eigener Sicht mitzuwirken, wird ihre Einstellung dem Staat und der älteren Generation gegenüber formen.

Die Struktur des machtfreien Verständigungsraumes

Aus organisatorischer Sicht ist der machtfreie Verständigungsraum ein Verfahren des Übermittelns, Speicherns, Verknüpfens, Gewichtens und Wiederauffindens von Nachrichten beliebiger Teilnehmer. Die Verknüpfungen, die die Aussagen zu einem Netz verbinden, stammen von den Teilnehmern selbst. Auch die Gewichtungen der Aussagen und ihre spontane Bejahung oder Ablehnung kommen nur von den Teilnehmern.

Wie wir schon zu zeigen versucht haben, können durch die Gewichtungen Erkenntnisse über die Meinungsverteilung gewonnen werden. Eine Reihe weiterer Merkmale erhöht die Übersicht. Der Teilnehmer kann seine Suche auf bestimmte Aussagengruppen einschränken:

- Aussagen, welche Beobachtungen und Hinweise enthalten
- Beiträge, die als Fragen formuliert sind
- Antworten zu ausgewählten Fragen
- offen gebliebene oder ungenügend beantwortete Fragen
- Beschreibungen von Problemen
- Lösungsvorschläge und Lösungsansätze
- neue Ideen
- Aufforderungen an die Allgemeinheit
- Anfragen und Aufforderungen an Parlament und Regierung

- Hilferufe und Hilfsangebote
- persönliche Kontaktsuche

Weitere Gliederungen sind möglich. Immer erfolgt die Einordnung der Aussage durch den Teilnehmer selbst. Einige Möglichkeiten haben wir schon bei der Beschreibung des Verständigungsvorgangs kennengelernt.

Der Teilnehmer kann aus der Vielfalt von Merkmalen und Gliederungen beliebige Verbindungen auswählen. Wenn er dieselben Suchbegriffe über bestimmte Zeiträume verfolgt, kann er eine perfekte Trendanalyse über beliebige, ihn interessierende Sachgebiete erstellen.

Die große Zahl von Verknüpfungen gewichteter Aussagen läßt einen Suchvorgang zu, der dem natürlichen Erinnern sehr ähnlich ist: Der Teilnehmer kann sich entlang der markanten Interessenspuren weitertasten, bis er auf einen Titel stößt, der ihn besonders anspricht. Nun wird er sich mit der zugehörigen Aussage auseinandersetzen und gegebenenfalls zu einem eigenen Beitrag angeregt werden.

Der beschriebene Suchvorgang verändert die Beobachtungszähler der aufgerufenen Titel. Alle Suchvorgänge graben sich wie unauslöschliche Spuren in ein Gedächtnis ein: in das gemeinsame Gedächtnis der Verständigungsgemeinschaft, das sich auch über Generationen erstrecken kann. Bemerkenswert an diesem Gedächtnis ist, daß seine Inhalte ohne Zwang entstanden sind. Das, was Menschen gemeinsam bewegt, ist darin unverfälscht festgehalten. Seinen Inhalten wird man auch in Wirklichkeit das Gewicht beimessen können, das sie im machtfreien Verständigungsraum vor den Augen der vielen Teilnehmer erzielt haben.

Die inhaltliche Struktur des machtfreien Verständigungsraumes entsteht, wie gezeigt worden ist, aus den vielen einzelnen Aussagen, Anweisungen und Gewichtungen der Teilnehmer. Die Speicherfähigkeit des dahinterstehenden Informationssystems ermöglicht es den Teilnehmern, an wortgetreue Infortmationen heranzukommen, die nicht von den Machtstrukturen gefiltert worden sind.

Alle Daten, die über die Jahre hinweg als nachgewiesen im System stehenbleiben würden, hätten das Gewicht vielfach geprüfter, anerkannter Information, auf die sich Diskussionen stützen können. So könnte eine über alle Zweifel erhabene Informationsquelle entstehen, die das Gütesiegel aufweist, den Teilnehmern im machtfreien Verständigungsraum verpflichtet zu sein und nicht einer Machtstruktur.

Die in der Bestandsaufnahme der Verständigungslosigkeit erhobene Forderung, Information aus Quellen zu gewinnen, die den alten Machtstrukturen nicht gehorchen, könnte dadurch unter Mitwirkung der Teilnehmer erfüllt werden. Mitsprache- und Kontrollfunktionen der Bürger im Staat würden damit eine Basis erhalten. Das Interesse der Menschen würde in diesem erweiterten positiven Angebot neue Aufgaben der Mitwirkung finden.

Vollkommene Verständigung

Die Suche nach einer möglichst vollkommenen Form der Verständigung, sie zu beschreiben und ihre Entwicklung voranzutreiben, wird immer ein Anliegen der Teilnehmer sein. Die Entwicklung muß auf die unmittelbar wirksamen und menschlichen Formen des geistigen Kontaktes von vielen Teilnehmern ausgerichtet werden. Das Verständigungsbedürfnis des Einzelmenschen muß so erfüllt werden, daß er den uneingeschränkten Gedankenaustausch mit beliebig vielen anderen zu seinen normalen und menschlich ansprechenden Lebensfunktionen zählt.

Eine Gesellschaft, die sich das Ziel vollkommener Verständigung setzt, muß dem Verständigungsbedürfnis aller ihrer Mitglieder gerecht werden. Indem sie ihre sozialen Verständigungssysteme zu hoher Reife entwikkelt, kann sie Auswirkungen hervorrufen, die auf vielfältige Weise das Miteinander fördern und das Gegeneinander abbauen. Einigen vorhersehbaren Auswirkungen werden wir im nächsten Kapitel nachgehen.

Ohne die Notwendigkeit leistungsfähiger Technologien zu unterschätzen, darf die Entwicklung nicht von den technischen Möglichkeiten bestimmt werden, sondern soll umgekehrt Anlaß sein, geeignete technische Verfahren zu erforschen. Die Gesellschaftsentwicklung muß durch ihre Zielvorstellungen technologischen Fortschritt herausfordern. Sie darf nicht bloßes Abfallprodukt eines technischen Fortschritts bleiben, der im Interesse der Mächtigen vorangetrieben wird.

Von Anfang an ist nach Organisationsformen zu suchen, die der ständigen Erweiterung und dem zukünftigen Gedankenaustausch zwischen machtfreien Verständigungsräumen keine Hindernisse entgegensetzen. Je deutlicher die Zielvorstellungen formuliert werden, auf die sich Verständigungsversuche hinentwickeln sollen, desto besser wird es gelingen, ihre technisch-organisatorischen Abwicklungsverfahren entwicklungsfähig zu halten, sowohl hinsichtlich ihrer wirtschaftlichen Durchführung, als auch hinsichtlich der Einsatzgebiete und Erwartungen an die Ergebnisse machtfreier Verständigung.

Von Anfang an wird es in allen Ausbaustufen und Varianten machtfreier Verständigung auf genügend Spielraum ankommen, damit sich die besten Verfahren der Verständigung mit der Zeit von selbst durchsetzen können.

Dem Evolutionsprinzip zufolge dürfen die Zielvorstellungen des idealen Endausbaues nicht für unveränderlich gehalten werden. Die Erfahrungen in den einzelnen Stufen und in verschiedenen Systemen, aber auch neue Technologien können zu neuen Idealvorstellungen führen. Alle Zielvorstellungen sollen von beliebigen Teilnehmern angeregt werden können.

Vollkommene Verständigung im machtfreien Raum könnte eines Tages von der rein schriftlichen Aufzeichnung zu gespeicherten Kombinationen aus Bild, Ton und Schrift führen. Der persönliche Kontakt könnte bei sinnvollem Einsatz technologischen Fortschrittes mehr und mehr die persönliche Beziehung des einzelnen zur Gemeinschaft unterstützen. Diese Form der Verständigung würde neue Möglichkeiten einer Erziehung zur Gemeinschaft eröffnen. Eine nächsthöhere Stufe menschlichen Gemeinschaftsbewußtseins würde erreichbar sein — Menschen würden zusammenfinden und Kontakte knüpfen, die sonst weder Gelegenheit hätten einander kennenzulernen, noch auf so unverbindliche Weise einander näherzukommen. Vollkommene Verständigung führt die Menschen zusammen, die einander etwas zu sagen haben, die einander achten und angenehm finden. Sie öffnet die Menschen für die Gemeinschaft mit anderen.

7

AUSWIRKUNGEN SOZIALER VERSTÄNDIGUNG

Machtfreie Verständigung kann in alle Lebensbereiche eindringen. Wo immer sie aufkeimt, werden sich Auswirkungen ergeben, vor allem für den einzelnen als Hauptträger der Verständigung. Über ihn, der unabhängig von seinem sozialen Status daran teilnimmt, gehen ihre Auswirkungen quer durch alle Gruppierungen und Schichten der Gesellschaft. Durch eine große Zahl von Menschen, die sich an sozialer Verständigung beteiligen, wird auch der Staat von den Auswirkungen dieser Verständigung erfaßt. Wahrscheinlich wird die Verständigung auch an Staats- und Sprachgrenzen nicht halt machen. Impulse werden ausgehen auf Wirtschaft und Politik, genauso wie auf die zwischenmenschlichen Beziehungen und die rein persönlichen Lebensanschauungen.

Aufwertung des einzelnen

Der unbekannte einzelne, der bis jetzt immer und überall zum Schweigen verurteilt war, erhält plötzlich das Wort erteilt. Es wird aufgezeichnet, verstärkt und weitergetragen, bis beliebig viele davon hören und sich nach freiem Ermessen damit auseinandersetzen können. Mit einem genügend großen Verständigungssystem können viele Tausende erreicht werden. Die Aufwertung, die der vormals unbedeutende einzelne dadurch erhält, kann neben anderem auch durch das Verhältnis der Zuhörerzahl mit und ohne Verständigungssystem ausgewiesen werden.

Viele werden sich mit dem einzelnen, mit seinen Ideen und Bedürfnissen befassen. Wo er für seine Bedürfnisse Verständnis zu wecken vermag, wird er beachtet und unterstützt werden. Dies wird vor allem bei Bedürfnissen eintreten, die viele teilen und deren fehlende Befriedigung auf einen gesellschaftlichen Mangel hinweist. Doch auch die warnenden Stimmen werden zu Wort kommen, wenn es notwendig ist, die Gesellschaft vor übertriebenen Forderungen zu schützen.

Auch Bedürfnisse, die nur einzelne betreffen und von der Gesellschaft nicht als aggressiv oder störend empfunden werden, werden Förderung erfahren. Leute, die sich durch das soziale Verständigungssystem anerkannt und gefördert fühlen, werden auch großzügiger sein, wenn es andere betrifft. Die vielen Hilfsaktionen Unbeteiligter in Notfällen beweisen, daß die Fähigkeit, dem Nächsten Verständnis entgegenzubringen, bei vielen Menschen vorhanden ist.

Die Aufwertung des einzelnen wird genau so weit gehen, wie er dafür Echo bei der überwiegenden Zahl seiner Partner im sozialen Verständigungssystem finden kann. Möchte einer darüber hinaus, wird der dann unweigerlich einsetzende Widerspruch der vielen kritischen Teilnehmer — oder, wo es genügt, ihr Desinteresse — ihn sofort in seine Grenzen zurückweisen. Das sattsam bekannte Übermächtig-Werden einzelner geht nur unter dem Ausschluß der Öffent lichkeit vor sich und nur durch Unterdrückung der Einsprüche Andersdenkender. Der machtfreie Verständigungsraum wird dagegen als selbstregelndes System zum Ausgleich in der Gesellschaft beitragen. Die Bedürfnisse des einzelnen werden sichtbar und erhalten dadurch die Chance, angemessen berücksichtigt zu werden.

Der einzelne wird Erleichterung und Aufwertung auch in anderen Lebensbezügen erfahren. Schon in der Bestandsaufnahme der Verständigungslosigkeit haben wir auf die Überforderung des einzelnen durch die auf ihn niederbrechende Informationslawine hingewiesen. Überall, in milliardenfacher Ausgabe, ist heute noch jeder einzelne für sich allein gezwungen, sämtliche Informationen abzuspeichern, die je für ihn wichtiger werden könnten. Zusammen mit der Unmöglichkeit, vorauszuahnen, was in Zukunft wichtig sein könnte, bewirkt diese Last, daß er Mengen von Information hastig in sich hineinstopft, anstatt über ausgewählte Teile in Ruhe und mit Interesse nachzudenken.

Die Situation des überforderten Informationskonsumenten ändert sich grundlegend, wenn ihm ein soziales Verständigungssystem zur Verfügung steht. Nicht nur stehen für ihn, falls elektronische Speicherungsmethoden verwendet werden, alle in das System eingehenden Information augenblicklich und immer wieder bereit. Er besitzt dann auch erstmals die Möglichkeit, nach Bedarf, unentgeltlich und ohne Aufwand aus dem gespeicherten Wissen anderer Nutzen zu ziehen. Ohne jemandem Ungelegenheiten zu bereiten, kann er im gemeinsamen Verständigungssystem seine Frage an alle stellen. Wer immer sich angesprochen fühlt, wird antworten. Er wird wahrscheinlich sogar g e r n e antworten, kann er doch nicht nur dem Fragesteller helfen, sondern weiß er doch auch, daß seine Hilfeleistung von anderen gesehen und anerkannt wird. Seine Hilfsbereitschaft wird ihrerseits wieder zur Nachahmung anregen.

Das Wissen und das Gedächtnis der Vielen wird das Gedächtnis des einzelnen ausweiten und ergänzen zu einem „sozialen Gedächtnis", für welches keine Frage zu ausgefallen, zu schwierig oder zu geringfügig sein wird. Es wird sich stets jemand finden, der sich mit der gestellten Frage auseinandersetzt und nach bestem Wissen Antwort gibt. An den offen bleibenden Fragen wird man die Grenzen des Wissens oder die Grenzen sinnvoller Fragestellung erkennen. Dem einzelnen wird daraus ein neues Sicherheitsgefühl erwachsen. Er wird tun können, was ihm heute unmöglich ist: Er wird nur die Information verarbeiten und speichern, die für ihn augenblicklich von Interesse ist. Dies wird er dafür aber nicht nur oberflächlich, sondern mit vertiefter Aufmerksamkeit tun können. Er wird sich vor allem um die ihm wichtig erscheinenden Aussagen im sozialen Verständigungssystem kümmern können. Um den Rest der Information braucht er nicht ängstlich besorgt zu sein: Sie ist für ihn jederzeit abrufbar in den Datenbanken des Verständigungssystems oder im „sozialen Gedächtnis" gespeichert.

Ohne im einzelnen darauf eingehen zu wollen, sei hier nur gesagt, daß die Schäden, welche durch die jahrtausendelange Verständigungslosigkeit in unserer Gesellschaft entstanden sind, langsam verschwinden werden. Je weitere Bevölkerungskreise sich an der aktiven Verständigung beteiligen, desto ausgeglichener wird die entstehende Gesellschaft sein. Die Zeiten, da der alte, aber funktionierende Elektroherd auf den Müll geworfen wird, um einem neuen Platz zu machen, ohne daß vorher im Verständigungssystem gefragt wird, ob nicht doch jemand den alten noch brauchen könnte, dürften bald vorbei sein.

Überfluß wird Not lindern.
Wissen wird zu offenen Fragen finden.
Einsicht wird Aggressionen auflösen.
Verständigung wird Isolierung überwinden.
Neue Vorbilder des Denkens werden entstehen . . .

Nicht nur gegen den Verkauf wertloser Produkte könnte der einzelne etwas unternehmen; auch ohne den aufreibenden Umweg über Gerichte und Anwälte könnte er gegen die Übervorteilung durch unreelle Geschäftemacher, gegen die Willkür von Behörden und Organisationen auftreten. Gestärkt durch eine wachsame Öffentlichkeit, wäre der einzelne den Entscheidungen mächtiger Organisationen nicht mehr hilflos ausgeliefert. Die dokumentarische Wirkung häufig wiederkehrender Beschwerden über ein und dieselbe Behörde zum Beispiel würde Mängel deutlich werden lassen, die heute auf Kosten der Bürger fortbestehen. Organisationen würden aufhören, sich als Selbstzweck zu empfinden: Sie müßten stets der Aufforderung gewärtig sein, ihre Statuten und ihr Verhalten vor den Augen einer kritischen Öffentlichkeit rechtfertigen zu müssen, und würden daher weniger selbstherrlich lebensfremde Entscheidungen treffen.

Wir denken hier auch an durchaus übliche Institutionen, etwa an ein Altersheim, wenn die Abhängigkeit der Alten und ihre Unfähigkeit, sich zu wehren, dazu mißbraucht werden kann, bei schlechtem Essen und mangelhafter Pflege mit Kasernenhofton zu regieren. Wir denken an Krankenhäuser, wenn die „Erfordernisse“ der Verwaltung größeres Gewicht haben als die Bedürfnisse der Patienten. Oder etwa an Kinderspitäler, deren erste Maßnahme nach der Aufnahme des kleinen Patienten seine Trennung von der Mutter ist, die grundsätzlich ausgesperrt wird. Gerade in dem Augenblick, da das Kind einer ihm unbekannten, bedrohlich erscheinenden Umgebung ausgesetzt und vielleicht schmerzhaften Untersuchungen unterzogen wird, gerade, wenn es den Rückhalt seiner Mutter besonders brauchen würde, wird ihm dieser genommen. Wir denken an Studentenheime, wo (erwachsenen) Studenten gekündigt wird, wenn sie Damenbesuch in ihrer Bude empfangen. Wir denken an den Verein, dessen Vorstand das Recht besitzt, Mitglieder ohne Angabe von Gründen aus dem Verein auszuschließen und ähnliche Akte der Willkür durch andere Organisationen mehr.

Weit über den Zusammenschluß der Betroffenen hinaus wird es immer wieder engagierte Leser geben, die solche Fälle von Unterdrückung des einzelnen durch arrogante Organisationen aufgreifen und mit ihrem Beitrag im Verständigungssystem und außerhalb die Position des einzelnen stützen werden. Sie werden dadurch ein Klima schaffen, das auch ihnen im Notfall Hilfe verspricht. Eine neue Form der Nächstenhilfe, ein neues Miteinander wird entstehen.

Nicht nur im zwischenmenschlichen Bereich werden durch die Kraft der Verständigung neue Maßstäbe gesetzt. Auch der einzelne selbst wird neue Fähigkeiten und Einstellungen entwickeln — wenn er sich darin beachtet und bestätigt fühlt. So haben wir in der Beschreibung von FÜR angedeutet, eine neue Art von Volkskunst könnte sich darin ausbilden. Wie im Mittelalter die Anfangsbuchstaben der Kapitel eines Buches mit besonderer Liebe ausgeschmückt wurden, so könnten auch heute Einsender ihre Beiträge mit Freude gestalten. Sie sind ja nicht professionelle Schreiberlinge, die vom Schreiben leben müssen, und daher nicht gezwungen, gewisse Mengen an „Output" zu liefern. Mit Ruhe und Muße könnten sie die Gestaltung „ihrer" Aussage vornehmen.

Auch die vielen Talente der Wortkunst, die heute unerkannt verkümmern und nur bei Vereinsfeiern oder im Mainzer Karneval das Publikum erstaunt aufhorchen lassen, würden angeregt und bestätigt werden.

Doch nicht nur künstlerische Talente könnten im machtfreien Verständigungsraum aufblühen. Wir haben den Denkverzicht als die naheliegende Auswirkung der Unmöglichkeit gesehen, mit konstruktiven Vorschlägen breitere Schichten der Öffentlichkeit zu erreichen und ein Echo darauf zu erhalten. Der Denkverzicht hat viele zu Nörglern gemacht, die gewohnt sind, in der Kritik Befriedigung zu finden. Der machtfreie Verständigungsraum stellt völlig neue Verhältnisse her: Das Echo, welches ein Vorschlag darin findet, kann beliebig groß sein und ist nur vom Inhalt des Vorschlags bestimmt. Wertvolle Ideen werden ein Eigenleben entfalten. Sie werden sich durchsetzen, weil sie nicht schon im Keim erstickt werden können. Einzig ihre Überzeugungskraft verhilft ihnen im machtfreien Verständigungsraum zum Durchbruch. Wertvolle Ideen werden mehr geschätzt werden als zersetzende Kritik. Ein Umdenken wird einsetzen, eine Aufwertung der konstruktiven Idee — die den einzelnen anregen wird, auch seinerseits solche Ideen hervorzubringen. Sein schöpferisches Denken wird angesprochen und er wird angespornt, es laufend weiter zu entwickeln.

Jeder Versuch, sich im machtfreien Verständigungsraum aufzuplustern und ohne fundierte Ideen Einfluß zu erlangen, wird unangenehm auffallen und lächerlich wirken. Das könnte mit der Zeit zu einer Denkweise führen, nach der niemand Anspruch auf größeren Einfluß erhebt, als es seiner Befähigung entspricht. Er kann sie im machtfreien Verständigungsraum erproben. Was Generationen vor uns aufgrund prestigebetonter Erziehung nicht zustande gebracht haben, könnte hier seinen Anfang nehmen: daß jeder selbst sich mit seiner natürlichen Kraft und Begabung dort einordnet, wo er diese am wirkungsvollsten für die Gesellschaft einsetzen kann. Das bedeutet eine Aufwertung der Persönlichkeit, die sich vom Rangordnungsdenken befreit.

Anregung der geistigen Auseinandersetzung

Die gute Idee führt heute ein Schattendasein. Der Ideenwettstreit wird ausschließlich unter den Inhabern bedeutender Positionen ausgetragen. Dadurch verschiebt sich die Zielsetzung der Auseinandersetzung. Es geht nicht mehr in erster Linie um bessere Ideen oder Lösungen, sondern Ideenwettstreit bedeutet heute einen Kampf um Positionen und Machtansprüche. Was zählt, ist die Zahl der Menschen, die man für eine Idee gewinnen kann. Die Trümpfe liegen daher auch nicht im Inhalt einer Aussage, sondern in ihrer Vermarktung, mit der die Menge zu beeinflussen ist. Den Erkenntnissen der Werbepsychologie gemäß versucht man, den Menschen vor allem über das Unbewußte und seine passive Assoziation anzusprechen. Auf diese Art wird bei vielen Zustimmung erzeugt. Die wenigen, die sich der unterschobenen Vorstellung bewußt werden, können sich nicht bemerkbar machen.

Wir stehen vor der widersinnigen Situation, daß im heutigen öffentlichen Leben weniger die Aussagen selbst wirken, als vielmehr das, was dabei unausgesprochen und unbewußt bleibt. Selbst die unsinnigste Aussage erhält Gewicht, wenn sie unwidersprochen bleibt. Durch entsprechende Aufmachung wird mangelnder Inhalt verschleiert — man denke an die riesigen, nichtssagenden Wahlplakate. Unüberprüfbares Zahlenmaterial und Verschlüsselung durch Gebrauch von Fremdwörtern bieten die Möglichkeit, den Eindruck hieb- und stichfester Wissenschaftlichkeit zu erwecken. Die Methoden der Meinungsbeeinflussung werden ständig verfeinert.

In einer Gesellschaft mit einem sozialen Verständigungssystem ändert sich dieser Zustand grundlegend. Keine Aussage kann darauf bauen, von einer schweigenden Zuhörerschaft unkritisch hingenommen zu werden. Jede wird damit rechnen müssen, von kritischen Geistern durchleuchtet und in allen ihren

Schwächen aufgedeckt zu werden. Weil diese Auseinandersetzung nicht zu verhindern ist, wird niemand mehr versuchen, durch formale Tricks mangelnden Inhalt zu überdecken. Nur entsprechender Inhalt wird den Einfluß einer Aussage sichern.

Darüber hinaus werden sich auch viel mehr diejenigen zu Wort melden, die Wesentliches zur Sache zu sagen haben, und weniger die, für die es eine lästige Pflichtübung ist, die dazu gebeten oder durch Zeilenhonorar inspiriert werden. Die Ideen, die von jedermann aufgegriffen und weiterentwickelt werden können, werden nicht mehr durch ihre Bindung an die Position ihres Urhebers eingestuft bleiben. Eine allgemeine Tendenz zur Auseinandersetzung mit dem Wesentlichen wird einsetzen, die sich von dem Unwesentlichen, dem Taktischen, das auf persönliche Eitelkeit und Machtgier einzelner oder von Gruppen zugeschnitten ist, mehr und mehr befreien wird.

Wenn sich der einzelne unsicher fühlt, wenn er den Verdacht hat, manipuliert zu werden, kann er gezielt Diskussionen in Gang zu setzen, um genau zu den für ihn noch offenen Problemen Aussagen zu erhalten und den Dingen wirklich und mit Interesse auf den Grund zu gehen. Er kann Fragen stellen und wird darauf Antworten erhalten, die deutlich und für alle sichtbar die Lücken aufdecken.

Dadurch kann er aber auch der Gefahr der einseitigen Information weitgehend begegnen. Einseitig verfälschte Information entsteht oft nur durch gezielte Auslassungen innerhalb im allgemeinen wahrheitsgetreuer Informationen. Der Umstand, daß in den Medien ausgelassene oder verheimlichte Informationen im sozialen Verständigungssystem dennoch ans Licht kommen, dürfte Rückwirkungen auf die Berichterstattung in den Medien haben. Aus Geschäftssinn wird man den Unmut zu vermeiden trachten, der durch untaugliche Informationen entstehen kann. Die Gefahr einseitiger Information und künstlicher Aufwiegelung der politischen Lager wird durch ein quer durch die Parteienlandschaft gehendes soziales Verständigungssystem geringer sein als durch die heutigen Parteiblätter.

Sollte der einzelne irgendwo falsche Informationen entdecken, ist er nicht zum Schweigen verurteilt: Ein kurzer Beitrag im sozialen Verständigungssystem kann den wahren Sachverhalt klären — und möglicherweise sogar den Fehlinformanten entlarven.

Der einzelne erhält im sozialen Verständigungssystem eine wirksame Stütze gegen die aus übermächtigen Mitteln finanzierte Propaganda, der er bisher hilflos ausgeliefert war. Das Hinterhältige an Propaganda ist nämlich, daß sie aufgrund ihres Übergewichtes den Eindruck erweckt, daß „das Rennen bereits gelaufen" sei, daß nichts mehr dagegen zu machen sei, daß alle anderen bereits überzeugt seien, daß man selbst ohnmächtig und isoliert dastehe, ein Außenseiter der Gesellschaft, wenn man nicht denkt, was sie will. Die Angst davor, zum Außenseiter gestempelt zu werden, bringt den einzelnen dann soweit, daß er übernimmt, was ihm eingehämmert wird . . .

. . .wenn er nicht im sozialen Verständigungssystem sehen kann, daß er mit seiner Meinung doch nicht allein ist, daß es viele gibt, die denken wie er, die zweifeln und die sich über ihre Zweifel verständigen wollen. Die vielen einzelnen, die bisher schweigen mußten und manipuliert werden konnten, weil sie ihre Isolation und Schwäche fühlten, werden plötzlich als große kritische Menge hervortreten. Dadurch werden weitere, andere zur kritischen Überprüfung ihrer Überzeugung angeregt werden. Einseitige Propaganda wird sich nicht durchsetzen können, denn die kritischen Stimmen im sozialen Verständigungssystem lassen sich nicht unterdrücken. Selbstreinigung, ursprünglich ein Merkmal des machtfreien Verständigungsraumes, beginnt über dessen Grenzen hinaus zu wirken.

Es ist noch die allgemeine Unzufriedenheit der Staatsbürger als Grundlage der Manipulation zu besprechen. Daß die Unzufriedenheit der Massen für beinahe jeden Zweck ausnützbar ist, dafür liefert die Geschichte genügend Beispiele. Es ist nur nötig, ein geeignetes Feindbild zu schaffen, auf welches man die Wut der Menge lenken kann. Dann ist das Volk bereit, alles auf sich zu nehmen, nur um seine Wut an dem verhaßten Feind abreagieren zu können, und ist für alles blind und taub, was nicht unmittelbar mit der Erfüllung seiner Rachegelüste zu tun hat. Ob ein Nero die Schuld am Brand Roms den Christen aufladen will, ob durch Erzeugen außenpolitischer Schwierigkeiten von innenpolitischen Problemen abgelenkt werden soll, oder ob eine Regierung in Nöten ein Skandälchen in den Reihen der Opposition in der Tagespresse zum Skandal aufbauscht, immer steckt dahinter der Versuch, der Öffentlichkeit ein falsches Bild der Wirklichkeit aufzudrängen.

Im sozialen Verständigungsraum wird dies, wie wir gesehen haben, nicht mehr möglich sein. Das soziale Verständigungssystem deckt einseitige Information auf, entschärft massive Propaganda und regt den einzelnen zur kritischen Überprüfung der gebotenen Nachrichten an. Ein verzerrtes Abbild der Wirklichkeit wird im sozialen Verständigungssraum stets korrigiert werden.

Ein neues Abbild der Wirklichkeit

Nicht nur von den politischen Mächten, auch von den Medien wird uns in deren ureigenstem Interesse ein falsches Bild der Wirklichkeit vorgezeichnet. Ihr Interesse ist der Verkauf! Daher sind sie an Neuigkeiten und kurzlebigen Sensationen interessiert, am glorifizierten Leben der Stars und der „großen Welt", mit dem sie den kleinen Mann über seine als unvermeidbar empfundene Nichtigkeit hinwegtrösten, indem sie ihm etwas geben, wovon er träumen kann. Sie sind an allem interessiert, was den Blick des Durchschnittsbürgers von dem ablenkt, was er selbst zu erleben imstande ist und zu dem hinlenkt, was außerhalb seiner Reichweite liegt, und wozu er daher sie braucht, um daran teilhaben zu können.

Die Tatsache, daß in einem sozialen Verständigungssystem ein unverzerrtes Abbild der Wirklichkeit entstehen wird, hat weiterreichende Bedeutung, als es auf den ersten Blick scheinen mag. Nicht nur die Korrekturen der Aussagen der Mächtigen werden darin vorgenommen werden können. Es werden völlig neue Schwerpunkte entstehen. Das Interesse der mitdenkenden Menschen, das bis jetzt vom machtbetonten Taktieren in den Medien völlig in Anspruch genommen worden ist — da gesellschaftlich bedeutsame Alternativen fehlten —, wird sich neu orientieren. Die Zahl der Interessierten wird in dem Maß wachsen, als die Diskussion aus ihrer machtgerichteten Engstirnigkeit herausfindet. Die Beherrscher der Meinungsmonopole werden es nicht mehr schaffen, die Staatsbürger an ihre Scheinwelt zu binden. Der einzelne, der im sozialen Verständigungssystem tausendfaches Gewicht erhalten kann, wird sich nicht mehr unbedeutend und nichtig vorkommen. Er wird mit gesundem Selbstbewußtsein den Gegenstand seines Interesses und seiner Anteilnahme selbst bestimmen und ihn sich nicht mehr von außen diktieren lassen.

Das Abbild der Wirklichkeit, welches dadurch entstehen wird, wird ein völlig neues, andersartiges sein. Es wird das gewohnte Bild, soweit es heute aus geschäftlichen und politischen Interessen in den Medien dargestellt wird, als blaß, farblos und unwesentlich erscheinen lassen.

Das neue Abbild der Wirklichkeit, welches sich im sozialen Verständigungssystem abzeichnet, wird notgedrungen Einfluß auf die politischen Entscheidungen auszuüben beginnen. Wenn sich genügend breite Bevölkerungskreise an der Diskussion beteiligen, wird kein Politiker es sich noch leisten können, diese kräftigen Meinungsäußerungen zu übersehen. Richtungen, die im heutigen machtbetonten System undenkbar erscheinen, werden eingeschlagen werden können.

An einem unscheinbaren Beispiel soll gezeigt werden, daß auch als sinnvoll empfundene Lösungen Gefahr laufen, abgelehnt zu werden, wenn sie mit autoritärem Führungsstil verordnet werden. So wurde im Jahre 1979 von einem Intendanten des österreichischen Fernsehens beschlossen, „seinen“ Kanal von Brutalsportarten wie Autorennen und Boxen frei zu halten. In der darauf folgenden Diskussion in den Medien, beziehungsweise wie durch Meinungsumfrage festgestellt wurde, hießen etwa 40 Prozend der Österreicher diesen Entscheid gut, während etwa 60 Prozent dagegen waren. Das Erstaunliche der Auseinandersetzung war, daß ein großer Teil der ablehnenden Österreicher nicht am Brutalsport selbst interessiert war, sondern nur die von oben verordnete Zensur ablehnte. Zwei Elemente hatten sich miteinander vermischt und konnten nicht getrennt werden: das sachliche Argument und die Auflehnung gegen den Führungsstil, der in dieser Entscheidung zum Ausdruck kam. Die große Zahl der Stellungnahmen, in denen ausdrücklich die Zensur als Grund der Ablehnung betont wurde, läßt darauf schließen, daß eine „von unten“ gestartete freie Diskussion, in der nur das sachliche Argument ausschlaggebend gewesen wäre, ein völlig anderes Ergebnis gebracht hätte.

Eine Wende in der gesellschaftlichen Entwicklung

Der im sozialen Verständigungssystem einsetzende Kontakt stellt nur einen ersten Schritt dar, nach welchem die Menschen, wenn sie sich erst einmal in geistiger Unabhängigkeit und Übereinstimmung gefunden haben, nicht mehr stehenbleiben werden. Sie werden sich über Aktionen einigen und eigene Initiativen entwickeln. Nicht nur das, was befohlen wird, wird versucht werden. Ohne Änderung der Entscheidungsmechanismen der Demokratie werden sich aus dem Verständigungssystem kommende Impulse richtungsweisend in den Beschlüssen der politischen Vertretung niederschlagen. Und das Volk, die Betroffenen werden sich nicht mehr damit begnügen müssen, sich an Gegebenheiten anzupassen und in Ordnungen hineinzuzwängen, die außenstehende „Eliten" für sie entworfen haben.

Wir halten diese Umkehr der Gewichtungen im Steuerungsmechanismus der Gesellschaft für so bedeutend, daß wir uns nicht scheuen, von einem Wendepunkt der Gesellschaftsentwicklung zu sprechen. Bis heute haben stets elitäre Schichten — Herrscherdynastien, Militärs, Bürokraten, Funktionäre, Kapitalisten, Wissenschaftler, Berufspolitiker und Gewerkschafter — über das Schicksal des Volkes bestimmt. Die Voraussetzung, aus der sie das Recht zu diesem Verhalten zu beziehen glaubten, war das Gefühl der machtpolitisch abgesicherten Überlegenheit. Der einfachen Bevölkerung wurde die Fähigkeit, für sich selbst zu denken, abgesprochen. Von diesem Standpunkt aus haben sich Gesellschaftssysteme entwickelt, welche dem Volk nie die Möglichkeit geboten haben, entsprechende Fähigkeiten zu beweisen. Von der Voraussetzung ausgehend, daß die Menge unmündig und minderwertig sei, wurde sie in Abhängigkeit niedergehalten. Es wurde streng darauf geachtet, die Kluft zur führungsfähigen Elite deutlich zu machen. Der noch immer herrschende Prunk, bei Staatsempfängen etwa, der früher feudaler Machtdemonstration diente, dient auch heute in den Demokratien noch der Selbsthuldigung einer ausgewählten Schicht, in der ein Gegensatz zum einfachen Volk bestehen geblieben ist.

Kein von Eliten entworfenes System wird diese

Kluft je überbrücken. Solange der einfache Mensch nicht lernt, seine natürlichen Eigenschaften als Grundlagen der Gesellschaft aufzufassen, auszudrükken und zu bejahen, solange wird in ihm die grundsätzliche Ablehnung der Gesellschaft, die ihn zur Selbstverleugnung zwingt, bestehen bleiben. Aggressionen gegen die von ihm abgelehnte Gesellschaft werden erwachen, und er wird sich durch Egoismus gegen den Versuch wehren, von ihr in Systeme gepreßt zu werden, die er als Zwang empfindet. Wir sehen in der heute von Aggressionen geschüttelten Gesellschaft das unvermeidliche Ergebnis der Versuche, sie durch Entscheidungen „am grünen Tisch" zu formen und die Menschen in die dort erarbeiteten Schablonen zu zwängen. Wir sind überzeugt, daß die Gesellschaftsentwicklung völlig neue, heute noch unvorstellbare Wege einschlagen wird, wenn die unverfälschten Eigenschaften der Menschen und die Bedürfnisse ihres Zusammenlebens in zunehmendem Maße sichtbar gemacht und bejaht werden. Das ist nur möglich, wenn der verfälschende Einfluß der Macht zurückgedrängt wird.

Erst dann wird das Interesse wachsender Kreise der Bevölkerung an den örtlichen, aber auch an den weltweiten Problemen wach werden. Ein wachsendes und weitverbreitetes Problembewußtsein ist Voraussetzung für Lösungen, die von innen heraus zu einer Wende der Gesellschaftsentwicklung führen.

III

KONFRONTATION MIT DER MACHT

8

GRENZEN ZUR MACHTBEZOGENEN VERSTÄNDIGUNG

Es wäre wirklichkeitsfremd, die eben herausgearbeiteten Ergebnisse machtfreier Verständigung von Beginn an zu erwarten. Vorerst ist eine Zeit erster Anfänge und schrittweisen Wachstums zu durchlaufen. In dieser Anlaufzeit kann der machtfreie Verständigungsraum nicht als eine Welt für sich betrachtet werden. Er ist von einer machtorientierten Umwelt umgeben, muß in ihr Fuß fassen, ihr standhalten und in sie hineinwachsen. Die Menschen, die in ihm mitwirken, werden dem Einfluß dieser Umwelt ausgesetzt sein.

Um ein einigermaßen brauchbares Bild der zukünftigen Wechselwirkungen zwischen den beiden Gegenpolen — den machtfrei organisierten Verständigungssystemen und den machtbetonten hierarchischen Strukturen — zu gewinnen, ist es notwendig, die Eigenheiten und Ziele dieser Organisationsformen einander gegenüberzustellen. Dann wird sich zeigen, wie weit die beiden Organisationsformen von einander abweichen und wo von machtfreier Verständigung neue Impulse ausgehen werden.

Bisher galten nur Waffengewalt, Armee und Polizei einerseits, bezw. der Besitz an Grund und Boden, an Kapital und Produktionsmitteln andererseits als Grundlage der Macht. Heute beginnt eine breite Öffentlichkeit die Macht der Medien zu erkennen. Der Streit um die Kontrolle der Medien ist in vollem Gange.

Spätestens dann, wenn machtfreie Verständigung wachsende Teilnehmerzahlen an sich zu ziehen beginnt, wird sie den Argwohn der kontrollierenden Macht herausfordern.

Der Machtwert kontrollierter Verständigung ist nämlich seit langem ausgenützt worden:

- Die Wirksamkeit militärischer Nachrichtensysteme konnte über den Ausgang einer Schlacht entscheiden.
- Die Einschränkung der Verständigung durch und mit Macht, die den Andersdenkenden verstummen läßt, bestätigt und festigt die bestehenden Rangordnungen.
- Wenn der Widerspruch verstummt, kann Unrecht zu Recht erklärt werden.
- Wer von der Verständigung ausgeschlossen wird, bleibt isoliert und damit wehrloses Opfer jeglicher Willkür.

In der von Generation zu Generation weitergegebenen machtbetonten Sicht der Welt spielte Verständigung eine dermaßen den Herrschaftsansprüchen untergeordnete Rolle, daß die meisten gar nicht darüber nachdachten. Weder Historiker noch Ideologen haben den engen Zusammenhang zwischen Macht und Verständigung ausreichend und rechtzeitig bewußt gemacht.

So wurden ausgeklügelte, machtbezogene Verständigungsstrukturen entwickelt, wie wir sie im folgenden besprechen wollen. Der Blick auf alle anderen möglichen Formen der Verständigung wurde durch die machtbezogene Sicht verstellt. Die Welt, wie sie war, erschien als die einzig mögliche; Gedanken an uneingeschränkte Verständigung zwischen beliebig vielen Menschen und damit Gedanken an andere Lebensformen konnten nicht aufkommen.

Die machtbezogenen Verständigungsstrukturen haben sich bis heute erhalten; machtfreie Verständigung dagegen ist geeignet, aus ihren Einflußbereichen herauszuführen. Wenngleich man ihren Prinzipien keinen Machtanspruch unterstellen können wird, und obwohl sie alle Bereiche menschlicher Beziehungen einschließt, besteht die Gefahr, sie könnte gerade wegen ihrer machtauflösenden Wirkung bekämpft werden. Die Motive und Erscheinungsformen machtbezogener Verständigung verdienen deshalb genauere Betrachtung.

„Teile und herrsche", das erfolgreiche Machtkonzept der Römer, sah den größten Machtgewinn nicht im Vernichten des Gegners, nicht im Entwaffnen und Enteignen. Vielmehr galt es, die Leistungskraft der Unterworfenen zu erhalten und sie für die eigenen Zwecke zu verwenden und auszunützen. Obwohl zahlenmäßig überlegen mußten sich die unterworfenen Völker von den Statthaltern und Söldnerheeren Roms beherrschen lassen.

Die Erkenntnis, daß man durch Teilen herrschen könne, beruht auf der Tatsche, daß ein ungebrochener, doch in viele Teile aufgesplitterter Gegner nicht stärker ist als der stärkste seiner Einzelteile. Gleichgültig, wieviele derartige Teile auch vorhanden sein mochten, solange es gelang, sie an der Koordination gemeinsamer Unternehmungen zu hindern, war es ihnen unmöglich, die ursprüngliche Stärke wiederzugewinnen.

Das Koordinieren von Menschen, um Machtblöcke zu bilden, bedarf der Bereitschaft zu gemeinsamem Vorgehen. Doch selbst wenn diese Bereitschaft in großem Maß vorhanden ist, scheitert der gemeinsame Einsatz, sobald geeignete Verständigungsmöglichkeiten fehlen.

Die Kontrolle der beherrschenden Macht erfolgt daher durch zweckmäßige Einflußnahme auf die Verständigung der Unterworfenen: entweder, indem der Gedankenaustausch völlig unterbunden wird, oder indem Verständigung nur über die Kanäle des von den Machthabern überwachten Kommunikationssystems laufen darf. Dadurch sind alle Verständigungsversuche, alle Unternehmungen der Unterworfenen einsichtig. Durch ideologische Umerziehung, Anstacheln des Gruppenegoismus und des Lagerdenkens können ehemals verständigungsbereite und gleichgesinnte Menschen gegeneinander aufgehetzt werden. So ist die Politik des „Teilens und Herrschens“ von einem zentralen Machtapparat aus nach Belieben steuerbar.

Wie leicht es ist, durch Kontrolle von Information und Verständigung einen Keil selbst zwischen Angehörige des gleichen Volkes zu treiben, zeigt das Gegenwartsbeispiel des geteilten Deutschland.

Durch die Möglichkeit machtfreier Verständigung wird dagegen jede zentrale Steuerung der Verständigung ausgeschlossen, indem nur der einzelne Entscheidungsgewalt über seine Aussage erhält. Zu teilen und zu herrschen ist im machtfreien Verständigungsraum nicht möglich, denn der Versuch, Partner zu finden, Gemeinsamkeiten zu suchen, gemeinsame Ziele zu verwirklichen, kann dort nicht durch eine selbstherrlich regierende Gruppe im voraus zunichte gemacht werden.

Das Unterdrücken der Verständigung in totalitären Staaten ist eine bis aufs äußerste getriebene Form des römischen „Teile und Herrsche". Ein Machtapparat, der auf Gewalt aufbaut, kann sich nicht sicher fühlen, solange das Volk die Möglichkeit besitzt, unkontrolliert ein Gemeinschaftsbewußtsein zu entwickeln. Der Staat will es mit Einzelwesen zu tun haben, zwischen denen keine Verbindung besteht: Wenn der einzelne allein steht, können die Herrschenden die Überlegenheit ihrer Machtmittel ungestört spielen lassen und sind in der Willkür ihrer Entscheidung durch nichts eingeschränkt.

Sie werden daher versuchen, die freie Verständigung der Untertanen zu unterbinden. Wenn die Strafen abschreckend genug sind und dafür gesorgt wird, daß auch alle sie kennen, unterbleibt — so hofft man — jeder Verständigungsversuch mit politischem Inhalt.

Die Unterdrückung der freien Verständigung ermöglicht zusätzlich ein wirksames Täuschungsmanöver: Unter Einsatz massiver Propaganda kann im Staat eine Gemeinschaft vorgetäuscht werden, die faktisch nur darauf beruht, daß isolierte Staatsbürger innerhalb von Landesgrenzen zu leben gezwungen sind. Die Machtträger des Staates können sich als Vertreter dieser „Gemeinschaft“ ausgeben. Systemkritiker können als Gegner der Gemeinschaft verteufelt werden. Dem einzelnen, der sich mit der Gemeinschaft nicht verständigen kann, fehlen die Mittel, diese Behauptungen zu überprüfen. Da kein Widerspruch bis zu ihm dringt, schenkt er ihnen schließlich Glauben. Wenn er Gedanken hegt, die im Gegensatz zur staatlich anerkannten Meinung stehen, fühlt er sich dem moralischen Druck ausgesetzt, wider die Gemeinschaft zu handeln und selbst zum Außenseiter zu werden. Damit wird die Moral und das Verantwortungsgefühl für die Gemeinschaft in die Dienste des staatlichen Machtapparates eingespannt. Solange das Unbehagen am System nicht hervorbricht, erscheinen die von der Propaganda vorgezeichneten Ziele als erstrebenswert und können einen Fanatismus erzeugen, der blinden Gehorsam nach sich zieht.

Der gleiche Erkenntnisgehalt, der die drei Worte: „teile und herrsche“ zu einer einleuchtenden, Jahrhunderte überdauernden Formel gemacht hat, findet sich auch in der Gegenformel: „Vereinigt werden Schwache stark“. Die Zusammenfassung der schwachen Kräfte ist nicht ohne Koordination möglich, und dies wiederum setzt eine Verständigung über gemeinsame Ziele und gemeinsames Vorgehen voraus.

Wo immer es gelingt, viele in einer gemeinsamen Zielsetzung zu vereinen, werden Kräfte frei, die den „organisierten“ Mächten ebenbürtig sein können. Deshalb versucht zum Beispiel jede Untergrundorganisation als erstes ein funktionsfähiges Verständigungssystem in Gang zu setzen. Deshalb werden nach einem Putsch, einer Revolution, einer Machtergreifung sofort die Rundfunkanstalten, die Fernsehsender und Zeitungsredaktionen besetzt. Deshalb stellt jede große Zeitung einen Machtfaktor dar. Die Nachrichtensysteme der organisierten Mächte sind wichtige Glieder im Machtapparat, ohne die er funktionsunfähig wäre. So gesehen stellen auch die Wahlversammlungen der Demokratie primitive Formen organisierter Verständigung dar. Sogar Werbung kann unter diesem Gesichtspunkt betrachtet werden — und welche Massen vermag organisierte Werbung in Bewegung zu setzen, wenn es zum Beispiel darum geht, einer neuen Moderichtung zum Durchbruch zu verhelfen.

Begreift man, daß es niemals im Sinne einer herrschenden Macht gewesen sein konnte — und wahrscheinlich auch heute nicht ist —, in den Reihen der Beherrschten Stärke aufkommen lassen, so ist leicht zu durchschauen, warum niemals Menschen in großer Zahl in die Lage versetzt worden sind, sich wirksam zu verständigen.

Auch der machtfreie Verständigungsraum stellt eine Einrichtung dar, die nach gewissen Prinzipien organisiert sein muß. Es werden aber nicht die Inhalte organisiert, sondern nur der unparteiische und unbeeinflußbare Funktionsmechanismus. Die Verständigungsvorgänge selbst laufen völlig frei und außerhalb der Kontrolle der organisierenden Stellen ab. Es gibt keine verbindlich festgelegten Vereinbarungen, auf die einzelne Gruppen Macht gründen könnten. Im machtfreien Verständigungsraum kann kein Führungsanspruch erhoben werden, der auf der bevorzugten Verbreitung von Gedanken einer Gruppe beruhen würde.

Jeder Führungsanspruch wird sich in gleichwertigem Wettstreit mit anderen Gedanken bewähren müssen. Auch die etablierte Macht wird ihren Führungsanspruch durch geeignete Ideen untermauern und immer wieder neu beweisen müssen. An einem Ideenangebot, in dem sich verantwortliches Mitdenken der Bevölkerung widerspiegelt, wird es voraussichtlich nicht fehlen. Die Engagierten in der schweigenden Mehrheit schweigen nicht wirklich, sie sind bis jetzt nur unhörbar.

Erzwungene Verständigung

Über Menschen Macht zu besitzen, bedeutet, sie auch gegen ihren Widerstand steuern zu können. Dazu ist ein Verständigungssystem zur Übermittlung von Anweisungen oder Befehlen nötig. Eines der vordringlichen Ziele in einer geordneten Machtstruktur muß es daher sein, Verständigungspfade zu organisieren, entlang welcher die Befehlsausgabe schnell und fehlerlos vor sich geht.

Befehle alleine genügen jedoch nicht. Macht kann ohne ständige Kontrolle der Befehlsempfänger langfristig nicht aufrecht gehalten werden. Deshalb werden in allen gesellschaftlichen Machtstrukturen von der jeweiligen Führungsspitze größte Anstrengungen unternommen, nicht nur die Befehlspfade von oben nach unten offen zu halten, sondern auch den Informationsfluß von unten nach oben entsprechend zu organisieren: Nach unten erfolgen Vorgaben und Befehle, nach oben Vollzugsmeldungen und Erfolgsberichte.

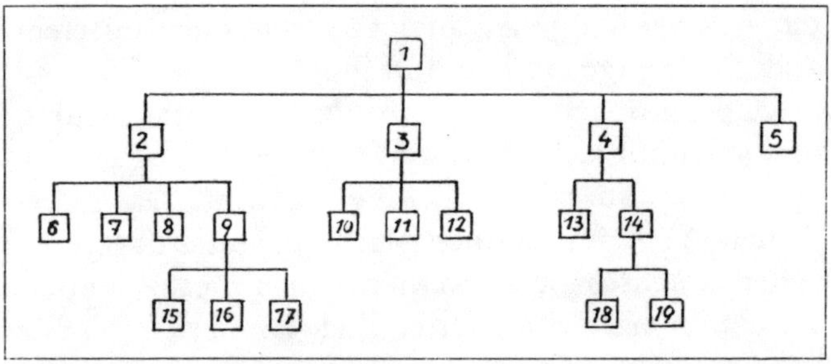

Beispiel einer machtbezogenen Verständigungsstruktur

Die Kästchen (□) stellen die im System vorgesehenen Positionen dar. Verbindungslinien bedeuten Machtabhängigkeiten. Die höherliegenden Positionen gebieten über die niedrigeren: zum Beispiel gebietet Position 1 über 2, 3, 4 und 5.

Aber auch das Verständigungssystem benützt denselben Aufbau: Entlang der eingezeichneten Verbindungslinien gehen Vorgaben und Befehle nach unten, Erfolgsmeldungen und Informationen nach oben. Querverbindungen, etwa eine Befehlserteilung von 2 nach 14 sind ausgeschlossen, da sie einen Eingriff von 2 in den Machtbereich von 4 darstellen würden. Genausowenig darf 14 eine Information an 2 weitergeben, ohne seinen Vorgesetzten 4 zu informieren. Über dieser klaren Abgrenzung der Machtbereiche wird eifersüchtig gewacht, selbst wenn dafür keine logische Begründung vorliegen sollte: Das Verständigungssystem muß ein getreues Abbild der Machtstruktur sein.

Umgekehrt muß verhindert werden, daß untergeordnete Funktionen Macht erlangen, indem sie sich eigene Verständigungspfade einrichten, die sich den von oben kommenden Einflüssen entziehen. Je kleiner und autoritärer die Führungsspitze, desto strenger achtet sie darauf, den Informationsfluß hinauf und hinunter aufrechtzuerhalten, dagegen den waagrechten — etwa der gleichrangigen Funktionen untereinander — weitgehend zu unterbinden.

In einer machtbezogenen Verständigungsstruktur darf jeder nur das wissen, was er zur Erfüllung der vorgegebenen Aufgabe unbedingt braucht. Das sichert Geheimnisse des internen Machtapparates davor, von vielen durchschaut zu werden. Auch die nach außen verfolgten machtorientierten Ziele lassen sich so besser geheimhalten. Zu alledem werden durch Informationsmangel in den rangniederen Funktionen die ranghöheren Positionen unangreifbar.

Jedem Mitwirkenden in einer autoritären Machtstruktur ist genau bekannt, an wen er sich mit welchen Fragen wenden darf und wem er über welche Fragen Rede und Antwort stehen muß. Strenge Vereinbarungen schreiben ihm vor, welche Pflichten er im Verständigungssystem pünktlich zu erfüllen hat. Dabei wird genau überwacht, daß sich kein Verständigungsversuch der Kontrolle entziehen kann. Jede undichte Stelle könnte Machtstrategien vorzeitig aufdecken und dadurch unwirksam machen.

Das Recht des einzelnen auf freie Meinungsäußerung steht mit den Einschränkungen machtbezogener Verständigung in direktem Widerspruch. Unter diesen Umständen ziehen es die von der Hierarchie abhängigen Menschen vor, sich über eigene Gedanken nicht zu äußern, „um sich den Mund nicht zu verbrennen“ oder gar, um ihre Existenzgrundlage nicht zu gefährden.

Je stärker im System die Macht betont wird, desto unmenschlicher ist der Druck, der kritisch denkende Menschen isolieren und mundtot machen soll. Selbst objektiv erkennbare Tatsachen können mit Bann belegt werden, wenn sie den Dogmen, der Ideologie, der Lehrmeinung widersprechen, aus denen die Macht bezogen wird und durch die die Machtausübung gerechtfertigt erscheint. Als eines der bekanntesten Beispiele sei an das Schicksal Galileis erinnert. Im 17. Jahrhundert rief er, der sein Fernrohr als erster Mensch kritisch auf die Gestirne richtete, die heilige Inquisition auf den Plan. Die objektiv nachprüfbaren Einblicke, die er menschlichem Erkennen erschloß, erschütterten das damalige christliche Weltbild. Galilei mußte sich der Drohung der Gewalt beugen und sein besseres Wissen öffentlich widerrufen, um die unantastbare Machtvollkommenheit einer Institution wiederherzustellen.

Nicht ganz so offensichtlich machtbezogen, wie uns die einstigen Folterungen, Hinrichtungen und Hexenverbrennungen erscheinen, sind die heute angewandten Methoden, Menschen geistig zu unterwerfen. Wir erhalten jedoch lebhafte Eindrücke aus Nachbarstaaten über die unverändert unmenschlichen Reaktionen zentraler Machtapparate.

Menschen, die zwangsweise in machtorientierten Systemen mitwirken, sind geistig Unterworfene. Wenn sie sich in blindem Gehorsam ergeben, so bedeutet dies geistige Selbstaufgabe zum Zweck der bloßen Selbsterhaltung.

Es gibt kaum Staaten, in denen nicht zentrale Machtapparate bedingungslosen und blinden Gehorsam fordern. Eines der geschichtlich gewachsenen und daher überall anzutreffenden Beispiele finden wir im militärischen Bereich. Selbstbehauptungswille und Angriffslust haben die Staaten zu ständiger Kampfbereitschaft gezwungen. Ungezählte Heere wurden in ungezählte Schlachten geführt, ungezählte Menschen verendeten im Dienst der Macht. Der einzelne ist in dieser Situation ein geistig Unterworfener. Sein Handlungsspielraum beschränkt sich im äußersten Fall auf aktives Töten oder passives Verenden.

Und gerade in dieser Extremsituation ist der einzelne völlig isoliert. Jede Bereitschaft, sich mit den vermeintlichen Gegnern friedlich zu verständigen, ist ihm durch das drohende Kriegsgericht untersagt. Wie viele Soldaten hätten in dieser Situation nicht den Wunsch verspürt, sich mit dem Gegner zu verständigen, die Waffen wegzuwerfen und den Krieg, den sie nicht gewollt und nicht herbeigeführt hatten, bedingungslos zu beenden? Doch in dieser Situation besteht nur mehr ein einziges Verständigungssystem: die Befehlsübermittlung der Machthaber, welche den Kampf vorwärts treibt. Der einzelne in der Vernichtungsschlacht ist der Extremfall der widernatürlichen Auslieferung an die befehlende Macht durch totale Isolation: Weder mit dem Gegner, noch mit dem eigenen Kameraden ist eine Verständigung darüber möglich, sich gemeinsam den mörderischen Befehlen zu widersetzen: Verständigung zum Zweck des Widerstandes wäre Hochverrat. Im Ernstfall stehen einander die Heere in einem Zustand gegenüber, in dem Verständigung unmöglich geworden ist, weil die Spitzen der Machtstruktur entschlossen sind, Krieg zu führen.

Der lebensbedrohenden Machtlogik wächst in der machtfreien Verständigung ein Gegner heran, den sie nicht mehr abschütteln kann. Auf lange Sicht wird ihr sanfter Einfluß stärker sein als die Bedrohung durch irrationale Waffensysteme.

Inhaltliche Merkmale der Verständigung

Die Verständigung unter Menschen kann im Idealfall frei von Machtbeziehungen ablaufen. Im Normalfall allerdings wird sie dazu benützt, Machtverhältnisse hervorzukehren und auszuspielen.

Das Zusammenleben von Menschen ist durch eine große Zahl unterschiedlicher Abhängigkeitsverhältnisse gekennzeichnet. Jedes Angewiesensein auf andere Menschen kann von diesen als Anlaß benützt werden, Macht auszuüben. Schon im kleinen Kreis der Familie kann es zu Willkürakten Stärkerer gegenüber den Unterlegenen kommen.

Das Gespräch eines Erwachsenen mit Kindern oder Angehörigen kann machtfrei verlaufen, kann aufrichtig dem anderen zugetan sein; es kann aber auch von Herrschsucht bestimmt sein, alle Abhängigkeiten ins Treffen führen und mit Drohung, List und Täuschung die bedingungslose Unterordnung verlangen.

Daraus ergibt sich, daß machtfreie Verständigung nicht nur ein funktionierendes Verfahren der geordneten Mitteilungen sein, sondern sich auch in der Qualität der vermittelten Inhalte von der machtbetonenden Verständigung unterscheiden wird. In unserem Beispiel kann der ganze Familienverband durch eine auffallende Verarmung der Verständigung gestört sein. Die offene Aussprache, der vorurteilsfreie Meinungsaustausch, der gutgemeinte ehrliche Rat, der Versuch, einander zu verstehen, sich entgegenzukommen, können von der Herrschsucht einzelner Personen völlig erdrückt werden. Die unterlegenen Familienmitglieder ertragen resignierend die Unterdrükkung, indem sie sich in ihre eigene Welt, jeder in sein

Schneckenhaus zurückziehen. Die Familie wird zum leeren Begriff, dem über Streit und Trennendem wenig Verbindendes bleibt.

Damit spannt sich der Bogen der Beispiele für den Zerfall von Gemeinschaften von den größten Gruppierungen im Staat bis zum kleinen Familienverband. Als unmittelbare Ursache ist willkürliche Machtbetonung zu erkennen, die die Menschen isoliert, indem sie ihrem Verständigungsbedürfnis entgegenwirkt.

Für unsere weiteren Überlegungen genügt es, auf einige auffallende Merkmale machtbetonter Verständigung hinzuweisen:

Sobald Argumente unbeachtet bleiben, weil andere Trümpfe mehr zählen, weicht Verständigung vom freien Gedankenaustausch ab; sie wird zu einem Spiel mit Abhängigkeiten. Die Inhalte dieser Form der Verständigung zeigen für alle unmißverständlich an, daß hier nicht überzeugt werden soll, sondern Machtfaktoren ins Treffen geführt werden.

In der Logik der Macht zählt die Drohung zu den wirksamsten Mitteln der Verständigung. Die Supermächte liefern mit dem Gleichgewicht des Schreckens ein Beispiel, wie aus Drohung und Gegendrohung ein angstvolles Gegeneinander entsteht, das schließlich zum unaufhaltsamen Wettrüsten und damit zu einem gigantischen Auswuchs der Machtlogik führt. Im kleinen wie im großen verursacht die Drohung das Risiko einer gewalttätigen Auseinandersetzung. Ihre Logik treibt auf ein radikales Ende zu. Von machtfreier Verständigung kann nur gesprochen werden, wenn ihren Inhalten weder durch direkte noch durch versteckte Drohungen Nachdruck verliehen wird.

Wo immer die Drohung im machtfreien Verständigungsraum auftritt, gilt es hellhörig zu werden, denn sie zeigt an, daß Machtansprüche oder Unredlichkeiten im Spiel sind. Sei es, daß der Drohende die Macht direkt ausüben will, sei es, daß er sich gegen Verleumdungen oder Verletzungen seiner Intimsphäre nicht mehr anders zu wehren weiß oder die Aufdeckung eigener Unredlichkeiten verhindern will. Hier aufklärend zu wirken und die Hintergründe der Drohung, also die Unredlichkeit oder das Machtstreben für alle sichtbar zu machen, wäre eine der Aufgaben des machtfreien Verständigungsraumes.

Dabei sollte es gleichgültig sein, ob die Drohung offen auftritt oder sich hinter Verkleidungen versteckt: Auch das Beharren auf Autorität, das Hervorkehren von Rangordnungen, das Prahlen mit Titeln und Statussymbolen, ja selbst bestimmte Formen eines rechthaberischen Sprachgebrauchs können den Mitmenschen signalisieren, daß sie sich den Behauptungen und Machtansprüchen zu beugen haben. Der einzelne kann einer Drohung viel gelassener entgegentreten, wenn er weiß, daß seine Mitmenschen nicht ruhen werden, ein geschehenes Unrecht im machtfreien Verständigungsraum restlos aufzudekken.

Besondere Beachtung im Rahmen der machtfreien Verständigung wird die Täuschung verdienen. Und zwar sowohl dort, wo sie vom einzelnen Wissenden durch seine Aussage im machtfreien Verständigungsraum aufgedeckt werden kann, als auch dort, wo sie heute unmöglich zu erkennen ist: wenn die Machthaber sich selbst Denkmäler setzen, wenn sie vorgeben, im Namen und mit Zustimmung der Bevölkerung ihre Macht zu gebrauchen, obwohl dies gar nicht erwiesen ist. Wenn genügend viele sich äußern, vermag machtfreie Verständigung den Mißbrauch von Macht „im Auftrage der Bevölkerung" deutlich zu machen. Eine Täuschung, die erkennbar wird, verliert ihre machterhaltende Wirkung.

Rückwirkungen der machtbezogenen Umwelt in den machtfreien Verständigungsraum

Wie wir bereits angedeutet haben, kann der machtfreie Verständigungsraum zumindest im Entstehungszustand nicht als eine Welt für sich betrachtet werden. Der einzelne Teilnehmer ist weiterhin gezwungen, in der machtorientierten Umwelt seinen Existenzkampf zu bestehen.

Obwohl ihm das Verfahren machtfreier Verständigung die unbeeinflußte Verbreitung seiner Aussage zusichert, ist er doch den Bedingungen dieser Umwelt, ihren Rechtsbegriffen und ihren Repressionen ausgeliefert. Obwohl in der Demokratie das Recht auf freie Meinungsäußerung außer Streit steht, wird trotz ihres Schutzes der Einfluß der machtorientierten Umwelt bis in den machtfreien Verständigungsraum reichen.

Manche Teilnehmer werden sich gerade dann, wenn ihr Gerechtigkeitssinn verletzt worden ist, wenn ihr Ehrgefühl oder Gewissen belastet wird, durch persönliche Abhängigkeit verschiedenster Art an der freimütigen Äußerung gehindert fühlen. Sei es, daß sie den ungeschriebenen Gesetzen einer Machtstruktur unterliegen, sei es auf Grund rechtlicher Bedingungen ihres Berufs, oder auch aus Furcht vor dem Terror organisierter Gruppen oder vor Nachteilen im Berufsleben. Je stärker aber der Gedanke der machtfreien Verständigung in der Bevölkerung Fuß faßt, je mehr es zum Anliegen aller wird, gerade die zahllosen Fälle ungerechtfertigten Machtgebrauchs zu durchleuchten und aufzudecken, desto leichter wird es dem einzelnen sein, sich im machtfreien Verständigungsraum über alle Hindernisse hinweg auf seine eigene Art zu äußern. Es ist zu erwarten, und wir erleben es bereits in der Literatur der Oststaaten, daß sich an den heiklen Fragen eine Formulierungskunst entwickeln wird, die rechtlich unangreifbar ist, und doch von jedem verstanden wird.

Damit wird der machtfreie Verständigungsraum zu einem Instrument, mit dem beständig und unnachgiebig die Grenzen zur machtbetonten Umwelt ausgelotet und ausgeleuchtet werden. Die machtbetonten Reaktionen dieser Umwelt sorgen selbst dafür, daß sie über dieses Instrument einer breiten Öffentlichkeit bekannt werden. Machtwillkür gerät dadurch in eine ausweglose Lage. Ihrer Logik gemäß müßte sie machtfreie Verständigung unterdrücken. Aber gerade dadurch wird die Willkür noch offensichtlicher ins Blickfeld gerückt. Und selbst wenn die Verständigung unter Strafe verboten werden sollte, werden sich lebensbejahende Menschen finden, die dieser Herausforderung gewachsen sind, weil sie die geistige Freiheit allen anderen Freiheiten vorziehen.

Wir können daraus schließen, daß machtfreie Verständigung tief in die machtbetonte Umwelt eindringen wird. Sie wird auch vor autoritären Regimen nicht haltmachen, selbst wenn diese mit Gewalt gegen sie vorgehen. Der machtfreie Verständigungsraum wirkt daher in allen Grenzbereichen, in denen er von Einschränkungen und Verboten bedroht wird, wie eine Meßsonde für Machtkonzentrationen. Eine Sonde zum Beispiel, die den Spielraum der freien Welt abtastet, und, indem sie Reaktionen von Machtträgern auslöst, die Grenzen zu den Diktaturen sichtbar werden läßt.

Machtfreie Verständigung wird aber auch in der sogenannten freien westlichen Welt wie ein Kontrastmittel wirken, das in ihre Informationskreisläufe gerät. Überall, wo der freie Meinungsaustausch behindert wird, entsteht die Frage nach der Berechtigung dafür. Im Laufe der Zeit wird alle Machtwillkür und aller Selbstzweck offengelegt werden. Der Machtmißbrauch kann dadurch von jeder sich als frei verstehenden Gesellschaft überwunden werden.

9

DAS VORDRINGEN MACHTFREIER VERSTÄNDIGUNG

Die Gesellschaft ist in ihren wesentlichen Funktionen von hierarchischen Organisationen beherrscht. Da der machtfreien Verständigung neben ihrer menschlichen Bedeutung auch eine politische Wirkung zukommt, wird ihr Vordringen von ihrem Verhältnis zu den hierarchischen Organisationen abhängen. Es wird sich herausstellen, daß machtfreie Verständigung die bestehenden Verständigungsstrukturen ergänzen und verbessern kann.

Wie wir im vorigen Kapitel gezeigt haben, besteht zwischen einer Machtstruktur und der Struktur der sich ausbildenden Verständigungspfade eine enge Beziehung. Die Verständigungsstruktur stimmt mit der Machtstruktur um so genauer überein, je stärker die Machteinflüsse im System betont werden. Die Verständigung läuft dann entlang der vorgesehenen Abhängigkeitsverhältnisse entsprechend der hierarchisch gegliederten Befehlsgewalt. Im Herrschaftssystem wird die Verständigungsstruktur zum direkten Abbild der Machtstruktur, der sie dient (siehe Abbildung S. 159).

Je weniger eine Gesellschaftsstruktur auf Macht ausgerichtet ist, desto größer sind die Abweichungen zwischen Machtstruktur und dem sich ausbildenden Verständigungsnetz.

Doch auch ohne überhandnehmendes Machtstreben führen Gemeinschaftsleistungen ab einer bestimmten Größenordnung zu mehrstufigen Gliederungen der Aufgaben. Das zweckdienliche Verständigungsnetz folgt zwar dieser Gliederung, wird aber nicht durch Machteinfluß darauf festgelegt. Es paßt sich weitgehend frei den Aufgaben an, die es zu bewältigen gilt. Die Menschen stellen selbsttätig die Kontakte her, derer sie bedürfen.

Das zweckgebundene Verständigungs-Netz

Jedes Zusammenwirken größerer Menschengruppen bedarf geordneter Verständigungsvereinbarungen. Bei allen arbeitsteiligen Vorhaben gilt es, den notwendigen Informationsfluß aufrechtzuhalten. In jeder Gliederung aufeinander bezogener Einzelleistungen hat Verständigung die Aufgabe, die Vorgänge aufeinander abzustimmen. Die Abstimmung muß erfolgen, gleichgültig, ob die Einzelleistungen stufenförmig aufbauen, ob sie gleichzeitig nebeneinander entstehen oder zeitlich hintereinander folgen, ob es sich um örtlich begrenzte Arbeitsteilung handelt oder um weiträumige Koordination.

Wenn Ereignisse oder Bedingungen von den einen beobachtet und erkannt werden sollen, Maßnahmen von anderen verfügt und vielleicht von dritten ausgeführt werden sollen, so ist eine verläßliche Form der Verständigung zwischen ihnen nötig. Die Vereinbarungen müssen um so verbindlicher sein, je mehr Menschen mitarbeiten, je mehr Risiko sie dabei eingehen, je weiter sie voneinander entfernt sind und je schneller auf die weitergegebenen Informationen reagiert werden soll.

Wir kommen so zum Begriff des zweckgebundenen Verständigungsnetzes. Seine Bedeutung für den Erfolg der Gemeinschaftsleistung ist um so größer, je weiter die Spezialisierung fortschreitet, je mehr Menschen beteiligt sind und je neuartiger die gegebene Aufgabe ist.

Bis hierher enthält die geschilderte Verständigung noch keine Hinweise auf irgendwelche Machteinflüsse. Die natürlichste Art zweckgebundener Verständigung wäre die unmittelbare Verständigung aller jener, die ihre Einzelleistungen aufeinander abstimmen müssen (siehe Abbildung unten). Wir sprechen daher bewußt von einem zweckgebundenen Verständigungs-N e t z, denn in den meisten Fällen führt

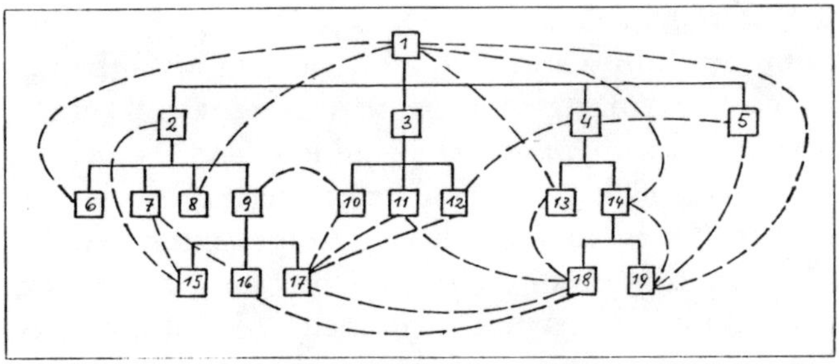

Beispiel einer hierarchischen Verständigungsstruktur mit geringer Machtbetonung.

Die Verständigungsstruktur konnte sich zu einem zweckgebundenen Verständigungsnetz ausbilden. Die strichlierten Linien stellen Verständigungsverbindungen dar, die sich — von der hierarchischen Struktur unabhängig — als notwendig und nützlich erwiesen haben.

zweckgebundene Verständigung nicht zu rein hierarchischen Strukturen.

Gemeinschaftsleistungen sind aber nicht nur von wirksamer Verständigung abhängig. Entscheidungs- und Weisungsbefugnisse, Kontrollfunktionen und Personalverantwortung spielen eine entscheidende Rolle. In der hierarchischen Struktur stellen sie die Machtausstattung dar, die auf einzelne Führungspositionen vereint wird. Aus diesen Befugnissen wird die Notwendigkeit abgeleitet, gleichzeitig Informationsknotenpunkt zu sein. Bei starker Machtbetonung wird aus dem Informationsknotenpunkt ein Umschlagplatz, über den sämtliche Informationen gehen müssen. Alle anderen Stellen, die diese Informationen benötigen, werden dadurch an den so entstandenen Verteiler gebunden. Bei starker Belastung des Systems können Informationsengpässe entstehen.

Wie verschiedene Beispiele zeigen, kann eine Trennung des Informationsknotens von den Machtbefugnissen zweckmäßig sein, damit sich ein zweckgebundenes Verständigungsnetz ausbilden kann. So genügt es in vielen Fällen, daß eine freiere Verfügbarkeit über Informationen von einsichtigen Vorgesetzten gewährt wird, um die Leistungsfähigkeit ihrer Gruppen zu fördern. Zum Beispiel muß nicht mehr jede Information, die die Mitarbeiter einer Abteilung benötigen, über den Schreibtisch des Chefs laufen. Dadurch bildet sich das zweckgebundene Informationsnetz von selbst aus.

Es gibt aber auch Beispiele, bei denen eine Trennung eines Teiles des Informationsflusses von den Machtpositionen der Hierarchie durch die Organisation planmäßig vorgesehen ist. Zu nennen ist hier das

Projektteam. Fachleute aus verschiedenen Abteilungen arbeiten für die Dauer eines Projektes zusammen, um neuartige Aufgaben zu lösen und für die Übernahme in den laufenden Betrieb vorzubereiten. Obwohl die Personalverantwortung unverändert bei den Abteilungen bleibt, erhält der Projektleiter volle Sachverantwortung für die Dauer des Projektes. Die zweckmäßigste Verständigung wird vom Projektteam unabhängig von den Abteilungsnormen selbst entwikkelt. In Programmierer-Teams der elektronischen Datenverarbeitung hat sich ein eigener „Sekretär" bewährt, der für einen geordneten und vollständigen Informationsfluß zwischen den Teilnehmern zu sorgen hat.

Ein Beispiel im großen stellt die Gewaltentrennung in der Demokratie dar. Zum Schutz des einzelnen gegen den Staat sollen die drei Aufgaben der Staatsgewalt, Gesetzgebung (= Entscheidungsbefugnis), Verwaltung (= Weisungsbefugnis) und Rechtssprechung (= Kontrollfunktion) durch voneinander unabhängige Organe ausgeführt werden. Ein Maximum an Information soll durch eine unabhängige Presse und andere Medien gewährleistet sein (= Informationsfluß).

Im zweckgebundenen Verständigungs-Netz erhält jeder die Informationen, die er für die Erfüllung seiner Teilaufgabe benötigt. Sobald einer Organisation aber durch Machteinflüsse eine Verständigungshierarchie aufgezwungen wird, kommt es nicht selten zu einem ausgesprochenen Informationsnotstand in den untergeordneten Stellen, während die übergeordneten Stufen mit Informationen überschwemmt und die

Entscheidungsträger überfordert werden. Beides zum Nachteil der Gemeinschaftsleistung.

Untergebene im Informationsnotstand zu halten, um auch auf diese Weise, durch überlegenes Wissen die eigene Position zu betonen oder abzusichern, ist eine vielfach gebrauchte Machtstrategie. Wenn es schwer oder gar unmöglich ist, über das unbedingt Notwendige hinaus Wissenswertes zu erfahren, reagieren Untergebene durchaus menschlich: mit zunehmender Interesselosigkeit. Dadurch und durch den Mangel an Mitteilungen über die gemeinsamen Ziele sind sie zu verantwortlichem Handeln immer weniger gewillt und auch immer weniger fähig. Dementsprechend werden sie auch eingeschätzt: als unmündig, als nicht fähig, in Ausnahmesituationen angemessen und mit eigenem Verstand zu handeln.

Der Teufelskreis schließt sich dadurch, daß machtbetontes Denken es demnach für sinnlos erachtet, unfähig erscheinende Menschen besser zu informieren. Diese Auffassung rächt sich allerdings. Je weniger die große Mehrheit der arbeitenden Menschen von der Notwendigkeit und vom Wert ihrer Aufgaben im Gesamtgefüge überzeugt ist, desto weniger fühlt sie sich zu verantwortungsbewußtem Handeln verpflichtet, desto widerstrebender erfüllt sie die an sie gestellten Aufgaben. Unangemessene Verständigungsstrukturen tragen so ihren Teil zur heute so vielbeklagten Entfremdung des Menschen am Arbeitsplatz bei, mit all ihren Nachteilen, mit ihrem Gegeneinander, ihren Verlusten von Lebensqualität und der Minderung — oder gar Störung — der Gemeinschaftsleistung.

Das Überangebot an Informationen in den höheren Rängen der Hierarchie, welche nicht rechtzeitig oder nicht sorgfältig genug bearbeitet werden, wirkt sich genau so schädlich für die Gemeinschaftsleistung aus. Auch die Menschen in den höheren Rängen der Hierarchie leiden darunter. Moderne Gesundheitsschäden als Begleiterscheinung beruflichen Erfolges sprechen eine deutliche Sprache.

Die Funktion als Maß der Organisation

In den Industrienationen zeichnet sich nach langen Jahrzehnten eines Funktionsdenkens in allen Bereichen des Lebens, der Kultur, des Städtebaues und allgemeinen Bauwesens, der Technik und der Organisation eine Hinwendung zum Menschen ab. Eine technisierte Welt, in der rationale Funktionsbegriffe, statistisches Zahlenmaterial und technologischer Fortschritt die zentrale Planung bestimmten, hat mit ihren Ergebnissen aus Beton, Stahl, Glas, Blech, Asphalt und Plastik den Menschen in die Gefahr gebracht, das Opfer seines eigenen Funktionsdenkens zu werden.

Diese Entwicklung hat so lange angehalten, bis sich abzuzeichnen begann, daß geplante Funktionen leblos bleiben, wenn ihnen die Menschen entfliehen, die sie nicht als fruchtbare Lebensfunktionen anerkennen können.

Die Wende ist unverkennbar. Eine neue Denkweise ist im Begriff, ein Bild menschengerechteren Lebens zu entwerfen. Auch die Art, wie sich ein wachsender Anteil der Bevölkerung zu neuen Gemeinschaftsleistungen zusammenschließt, Initiative setzt, sich um Selbsthilfe und Nächstenhilfe bemüht, deutet auf eine — wenn auch langsam vor sich gehende — Wandlung hin, mit der sich Menschen gegen Systeme durchzusetzen beginnen.

Unsere Kritik an der hierarchischen Machtstruktur ist geeignet, das von ihr losgelöste zweckgebundene Verständigungsnetz als erstrebenswertes Ziel erscheinen zu lassen. Dennoch befinden wir uns mit dieser Zielvorstellung erst auf halbem Weg. Wir haben damit zwar einen Abstand zu jener Einstellung gewonnen, die die streng hierarchische Verständigungsstruktur trotz ihrer Anfälligkeit für machtbezogenen Mißbrauch als die leistungsfähigste preist. Wir sehen darüber hinaus aber einen schwerwiegenden Mangel darin, eine Verständigungsstruktur auf die speziellen Funktionen einer Aufgabenstellung einzuengen, statt den Menschen mit seinen wesentlich weitergehenden Fähigkeiten als Maß zugrunde zu legen. Keine Verständigungsstruktur — ob hierarchisch oder nicht — kann ihre volle Kraft entfalten, wenn sie die geistige Mitwirkung der Menschen einengt und ungeeignet ist, freiwillige Leistungen nutzbar zu machen.

Häufig wird die hierarchische Organisationsform mit einem lebenden Organismus verglichen, mit einem denkenden Lebewesen, dessen Gehirn über die Sinne Informationen empfängt und über die Nerven die Bewegung seiner Muskeln steuert. Das Gehirn ist das zielsuchende und zielsetzende Organ, die Muskeln führen die vom Gehirn kommenden Befehle aus.

Das Ausfallen einer spezialisierten Teilfunktion, etwa einer Gehirnfunktion (zentrales Versagen) oder zum Beispiel der Schluckmuskulatur (dezentrales Versagen) kann in der Natur sehr schnell das Überleben des gesamten Wesens in Frage stellen.

Der Vergleich ist überzeugend. Auch in den zentral gesteuerten hierarchischen Machtstrukturen findet die Zielsetzung auf der höchsten Hierarchiestufe statt, während auf den untergeordneten Stufen die von oben kommenden Anweisungen widerspruchslos ausgeführt werden. Auch die auftretende Abhängigkeit von zentralem und dezentralem Versagen unterstreicht den Vergleich: Die Abhängigkeit des Ganzen von seinen Gliedern können wir überall in der Natur bei höheren Organismen, in der arbeitsteiligen Gesellschaft und bei den von Menschen erzeugten technischen Anlagen und Geräten beobachten.

In unserem Beispiel ist der Nachteil der Spezialisierung nicht zu umgehen. Die Schluckmuskulatur kann die für die Nahrungsaufnahme notwendigen Schluckbewegungen ausführen, aber nicht denken. Das Gehirn kann denken, aber die Schluckbewegungen nicht ersetzen. Eine Hand kann greifen, aber nichts überlegen, das Gehirn kann überlegen, aber nicht greifen.

Von der strengen Spezialisierung im Organismus unterscheidet sich eine von Menschen gebildete hierarchische Struktur sehr grundlegend dadurch, daß alle Stufen und Positionen der Hierarchie mit „Organen" grundsätzlich gleicher Ausstattung besetzt sind. Unterschiede sind nur in engen Grenzen vorhanden, entstammen aber nicht verschiedenen auf spezielle Funktionen zugeschnittenen Bauplänen, wie das im Organismus der Fall ist. Dementsprechend ergeben sich auch mit geringfügigen qualitativen Unterschieden grundsätzlich ähnliche Aktionsmöglichkeiten.

Darauf nimmt das funktionsorientierte Denken in der Hierarchie keine Rücksicht. In der hierarchischen Struktur wird der Mensch nur als spezialisierter Funktionsträger gesehen, so unscheinbar und beschränkt, wie die spezialisierte Funktion, die er im Stufenbau der Hierarchie zu erfüllen hat. Auch das zweckgebundene Verständigungsnetz mag sich zwar als system- und funktionsgemäß erweisen, wird aber dem Menschen als Gesamtpersönlichkeit ebensowenig gerecht, wie die spezialisierten Funktionen, zu deren Koordinierung es dient.

Ein großer Teil der Anlagen des Menschen, seines Wissens und Könnens geht ungenützt verloren, bleibt unentwickelt, liegt brach und kann sogar verkümmern — zum Schaden für den einzelnen und die Gemeinschaft. Das Gefühl, nur Rad im Getriebe, nur Fachidiot zu sein, stellt sich ein — ein Beweis, daß nicht der M e n s c h das Maß dieser Organisationsform ist.

Die eng spezialisierte Funktion — für den einzelnen oft lebensbestimmend — vermag seine Persönlichkeit in nur geringem Maß auszufüllen. Dementsprechend wenig tritt der einzelne für die gemeinsamen Aufgaben ein. Je größer und unpersönlicher die hierarchischen Organisationen werden — unüberschaubar in ihren tausenden Teilfunktionen — und je hilfsloser ausgeliefert sich die Menschen in ihnen fühlen, desto gravierender werden auch die Nachteile des einseitigen Funktionsdenkens: Fähigkeiten bleiben in ungeheurem Ausmaß ungenützt; der Mensch wird zum Torso, der zu einer lebensbejahenden Einsatzfreude nicht mehr fähig ist.

Eine Neuorientierung müßte, statt den Apparat, das System und die Funktionen über alles zu stellen, in jeder Art von Struktur genügend Spielraum vorsehen, um über die spezialisierte Funktion hinaus dem

Menschen Gelegenheit zur Entfaltung und Mitwirkung zu geben. Es muß anerkannt werden, daß Menschen auf jeder Stufe einer Hierarchie denken, begreifen und handeln können. Es kann für die Gemeinschaftsleistung nur von Vorteil sein, wenn Fähigkeiten nicht eingeschränkt, sondern unter geeigneten Bedingungen zur Entfaltung gebracht werden.

Wie noch gezeigt werden soll, werden auch heute schon kreative Fähigkeiten der Menschen angeregt, indem Verständigungspfade eröffnet werden, die nicht an die vorhandene Hierarchie gebunden sind — wenngleich diese Verständigungspfade heute nur schwach entwickelt sind.

Gute Außenseiterideen könnten von jeder beliebigen Stufe einer Hierarchie kommen; ebenso auch aus Erfahrung entwickelte und sachlich begründete Vorschläge. Nicht immer stimmt die Rangstufe mit der Begabung überein. In machtbezogenen Hierarchien zum Beispiel kann es zu Auslesevorgängen kommen, die der Brutalität den Vorzug gegenüber dem Verstand geben. Die hierarchische Struktur alleine bietet keinen Schutz vor negativer Auslese. Sie bedarf im Gegenteil sehr sorgfältiger Aufnahmeprüfungen und Ausleseverfahren, um nicht von Teilnehmern erobert zu werden, die die übergeordneten Ziele ihren persönlichen Interessen opfern. Es zeigt sich ein grundlegender Unterschied: Der machtfreie Verständigungsraum kann jedem offenstehen, denn in ihm ist der Erfolg des einzelnen nur über gemeinschaftliche Zielsetzung möglich.

Damit deutet sich ein möglicher Einfluß machtfreier Verständigung auf hierarchische Organisationen an. Seine Voraussetzungen und Auswirkungen sollen in den folgenden Abschnitten untersucht werden.

In Wirtschaftsunternehmen, die auf Wettbewerbsfähigkeit angewiesen sind, hat der Erfolgszwang dazu geführt, die hierarchische Struktur beweglicher zu machen und die Einsatzfreude der Mitarbeiter zu fördern. In erfolgreichen Unternehmen hat sich die Erkenntnis bestätigt, daß der Gesamterfolg ein Ergebnis der Zusammenarbeit erfolgreicher und zufriedener Menschen ist.

Die ursprüngliche starre Verständigungsstruktur wird in dynamischen Unternehmen laufend verändert, sobald neue Aufgaben, Produkte und Marktverhältnisse Anpassung erfordern. Die Anpassung gelingt am besten und schnellsten, wenn die Aufgaben und die Verantwortung dafür in der Hierarchie möglichst weit nach unten weitergegeben werden. Die übergeordneten Instanzen sollen nur jene Aufgaben und Verantwortungen übernehmen, die von den untergeordneten nicht erfüllt werden können (Subsidiaritätsprinzip).

Darin ist eindeutig ein Zugeständnis an die selbständige Intelligenz der Mitwirkenden zu sehen, die im Interesse des gemeinsamen Erfolges sinnvoll eingesetzt wird.

Die Vorstellung vom Menschen als eines Handlangers von Automaten, wie ihn das rein zweckgebundene Denken zum Beispiel in Form geisttötender Arbeit am Fließband hervorgebracht hat, wird in verschiedenen Betrieben bereits mit Erfolg überwunden. Auch in der Automobilindustrie, in der die Fließbandarbeit erfunden worden ist, hat man begonnen, die Menschen in überschaubaren Gruppen ganze Produktabschnitte selbstverantwortlich bauen zu lassen.

Ein weiteres Beispiel weitgehender Selbstverantwortung von Gruppen stellt das bereits erwähnte Projektteam dar. Die Planung und Organisation der neuen Aufgaben kommt dabei nicht von übergeordneten Stufen der Hierarchie, sondern wird von Mitarbeitern der betroffenen Abteilungen selbst ausgearbeitet. Und das, obwohl die im Projektteam getroffenen Vereinbarungen einen auf Jahre hinaus bindenden Charakter haben können.

Um den Rahmen dieses Abschnittes nicht zu sprengen, sei hier nur noch auf einen unter mehreren Fällen hingewiesen, in dem beliebige einzelne die Stufen der Hierarchie mit Ideen überspringen können. Wir wählen das Beispiel des innerbetrieblichen Vorschlagswesens, weil an ihm die Wirkung einer rangordnungsfreien Verständigung zumindest ansatzweise veranschaulicht werden kann. Ohne Rücksicht auf ihre Stellung in der Hierarchie können beliebige Mitarbeiter ihre Ideen direkt an die Werksleitung, Firmenleitung oder eine eigens dafür eingerichtete Stelle herantragen. Die Ideen werden geprüft und kommen, falls sie für gut befunden werden, in der Firma zum Einsatz. Viele Industrieunternehmen bemühen sich, ihre Mitarbeiter dazu anzuregen, indem sie Prämien ausschreiben, deren Höhe sich nach dem Wert der Idee und nicht nach dem Rang ihres Urhebers richtet. In manchen Unternehmen wird zusätzlich eine Beteiligung am Gewinn aus der Idee gewährt. Ihre an sich unbegrenzte Höhe bietet auf jeder Stufe der Hierarchie einen zusätzlichen Anreiz, nützliche Ideen zu entwickeln. Die geistige Befähigung des Mitarbeiters wird auf bemerkenswerte Weise aus der hierarchischen Struktur herausgehoben.

Müßten Verbesserungsvorschläge ihren Weg durch die machtbezogene Verständigungsstruktur antreten, so wäre nicht sicher, ob, in welcher Form und mit welcher Urheberschaft sie die Entscheidungsstelle erreichen würden. Der direkte Weg dorthin, der jedem Mitarbeiter offensteht, ist die notwendige Voraussetzung für die Glaubwürdigkeit und damit für die Erfolgsaussichten einer derartigen Einrichtung.

In großen Unternehmen hat der einzelne dennoch das Gefühl, seinen Vorschlag an anonyme Allgewaltige in einem unerreichbaren Olymp zu senden, von deren Wohlwollen er abhängig ist. Falls nach Monaten ein kurzer ablehnender Bescheid zurückkommt, ist nur schwer auszumachen, was die eigentlichen Gründe der Ablehnung waren, wie sorgfältig der Vorschlag geprüft wurde und wer sich dabei mit welchen Interessen eingeschaltet hat. Selbst wenn die Entscheidungsstelle von machtbezogenen Interessen freigehalten werden kann, bleibt der Vorgang für den Mitarbeiter undurchschaubar. Meist bleibt der Eindruck zurück, daß es einfacher war, den Vorschlag abzulehnen, als sich eingehend damit auseinanderzusetzen.

Eine Behandlung aller Vorschläge nach den Prinzipien machtfreier Verständigung würde für den einzelnen und für die Unternehmensleitung neuartige Ergebnisse bringen. Der einzelne Vorschlag würde nicht als stille Post in einer fernen Dienststelle verschwinden, sondern von Anfang an für alle Interessierten sichtbar sein. Das hebt nicht nur das Ansehen der Mitwirkenden als denkende Menschen und Mitarbeiter, es bedeutet auch für andere den Anreiz, mit eigenen Vorschlägen herauszukommen oder die vorhandenen Ideen weiterzuentwickeln. Nach einiger Zeit wird sich zu einem Lösungsvorschlag eine Reihe anderer Lösungen einstellen. Dadurch kann es zu gegenseitiger Anregung geistig anspruchsvoller Mitarbeiter auf beliebigen Stufen der Hierarchie kommen.

Den Grundlagen machtfreier Verständigung entsprechend wäre es nützlich, wenn die beurteilende Stelle ihre Bescheide ebenfalls für alle sichtbar an das Verständigungssystem zurücksenden würde. Sie hat zwar das Vorrecht der endgültigen Entscheidung, doch würde sie dadurch zu einer angemessenen Begründung jeder Zustimmung oder Ablehnung gezwungen werden. Das bedeutet, daß die zurückkommenden Bescheide mit der Qualität der Vorschläge schritthalten müßten. Sie können darüberhinaus durch begründete Einwände und ausreichende Informationen zu weiteren Ideen Anlaß geben.

Weil die Entscheidungsinstanz gezwungen ist, sich mit den Vorschlägen und Erwiderungen der Mitarbeiter verantwortungsbewußt auseinanderzusetzen, nähert sich das ursprünglich stark betonte Über- und Unterordnungsverhältnis einer Beziehung, bei der die geistige Auseinandersetzung reifer und verantwortlicher Menschen im Vordergrund steht.

Den Mitarbeitern wird die Möglichkeit eröffnet, sich von einseitig eingesetzten Spezialisten zu interessierten und mitdenkenden Menschen zu entwickeln, die ihren Platz in der funktionalen Struktur ausfüllen und darüber hinaus Einblicke in andere Unternehmensbereiche gewinnen. Bei geeigneter Information und sachlich begründeter Vorschlagsbearbeitung kann die Kreativität der Mitarbeiter auf wesentlich breiterer Basis als bisher angeregt und bei der Suche nach den besten Lösungen im gesamten Unternehmensbereich wirksam werden.

Eine neue Organisationsform — Das Reflexionssystem

Wir nähern uns damit der zentralen Frage dieses Kapitels: wie nämlich machtfreie Verständigung ihren Einfluß auf machtausübende Instanzen der Gesellschaft gewinnen kann, wenn doch ihren eigenen Grundsätzen zufolge weder innerhalb noch außerhalb des Verständigungsraumes Macht ausgeübt werden darf. Wie also machtfreie Verständigung gegen Machtgebrauch in der Gesellschaft überhaupt Fuß fassen kann.

Vom Beispiel des innerbetrieblichen Vorschlagswesens ausgehend, können wir auf andere ähnlich gelagerte Fälle schließen, in denen beschlußfähige Stellen daran interessiert sein könnten, vor einer Entscheidung eine möglichst große Zahl von Vorschlägen möglichst auch aus den Reihen der Betroffenen zu erhalten.

Wenn es zum Beispiel Industrieunternehmen gelänge, mit ihren Kunden ein Verständigungssystem zu errichten, in dem die Kunden ihre Kritik und ihre Verbesserungsvorschläge der Unternehmensführung mitteilen könnten, wenn diese Äußerungen ernst genommen, geeignete Vorschläge im Firmenprogramm berücksichtigt und entsprechend prämiert würden, hätte das Unternehmen sicherlich einen Wettbewerbsvorteil gegenüber Mitbewerbern, die zwar werben, aber sich um Vorschläge ihrer Kunden nicht kümmern. Ansätze dazu finden wir in den Produkten beigelegten Reklamationsscheinen, in Beurteilungsformularen von Reisediensten, Fluggesellschaften und Hotelketten. In den erwähnten Beispielen besteht noch keine Verständigungsverbindung der Befragten untereinander. Weit wirksamere Wege hat man bereits in der Computer-Industrie eingeschlagen: Die Benützer von Computersystemen einer Marke haben sich in einer Vereinigung zusammengeschlossen und treten in regelmäßigen Abständen mit Verbesserungsvorschlägen an die Hersteller heran. Der Hersteller antwortet darauf nach einem verbindlichen Schema; welche Vorgänge unmittelbar in die Pläne aufgenommen werden, welche als zukünftige Entwicklungsziele gelten, welche weiter untersucht werden sollen, und welche als derzeit undurchführbar abgelehnt werden müssen.

In diesem Fall ist, wie beim Beispiel des Vorschlagswesens, die isolierte Verständigungsverbindung des einzelnen Betroffenen mit einer unabhängig entscheidenden Instanz zu einem für alle Betroffenen einsehbaren und benützbaren Verständigungssystem erweitert worden. In beiden Beispielen tritt eine große Gruppe von Menschen, die sich im Idealfall machtfrei verständigen können, gemeinsam auf, um ihre Ergebnisse einem selbständig und selbstverantwortlich handelnden Entscheidungsträger näherzubringen.

Die Kluft zwischen den Machtträgern einer beliebigen Organisation und den von ihnen Abhängigen kann durch den machtfreien Verständigungsraum auf besondere Weise überbrückt werden. Aus den Beispielen leiten wir ab, daß die Entscheidungsträger, wie alle anderen Teilnehmer auch, in den Verständigungsraum Einblick nehmen können müssen, ohne dazu gezwungen zu sein. Ihre Stellungnahmen allerdings müssen auf eindeutige Weise und an eindeutiger Stelle für alle sichtbar gemacht werden. Der machtfreie Verständigungsraum wird um einen eigenen Bereich erweitert, welcher die Aussage der Entscheidungsträger aufnimmt. Dieser Bereich wird sich vom eigentlichen machtfreien Verständigungsraum wesentlich unterscheiden. Die im eigentlichen machtfreien Verständigungsraum gemachten Äußerungen geben stets nur die Meinung ihres Autors wieder, ohne auf andere Personen verbindliche Wirkungen auszuüben. Im Aussagebereich der Entscheidungsträger dagegen werden Aussagen stehen, die sehr wohl für andere, oft für viele bindenden Charakter haben.

Der um den Aussagebereich der Entscheidungsträger ergänzte machtfreie Verständigungsraum gibt einerseits die Gedanken der einzelnen Mitglieder der Gemeinschaft über sich und ihre Zielsetzungen wieder; andererseits spiegelt sich in ihm die Wechselwirkung zwischen Macht und Mensch, Führung und Mitarbeiter innerhalb der Organisation. Unter dem Druck einer unnötig starken Machtausübung würde sich nämlich schnell ein dafür charakteristischer Zustand einstellen: Die ursprünglich lebendige Verständigung würde verstummen oder sich auf karge, sachlich bedingte Äußerungen beschränken. Ein leerer Aussagebereich der Entscheidungsträger wird immer anzeigen,

- daß die Entscheidungsträger es nicht für nötig halten, sich mit den Betroffenen auseinanderzusetzen
- daß die Entscheidungen zu autoritär erfolgen, so daß die Betroffenen es nicht wagen, sie zu hinterfragen
- daß Furcht und dadurch bedingte Interesselosigkeit unter den Betroffenen vorherrschen.

Eine lebendige Beziehung der Aussagen im machtfreien Verständigungsraum zu denen im Aussagebereich der Entscheidungsträger zeigt dagegen an,

- daß die Führung an einer konstruktiven Diskussion interessiert ist, ohne Abhängigkeiten auszuspielen und Rangordnungen hervorzukehren
- daß sie die Auseinandersetzung nicht zu scheuen braucht und zur Führung befähigt ist, ohne diktatorisch sein zu müssen
- daß der gemeinsame Erfolg ihr Ziel ist und nicht persönliche Machtausübung.

Weil dieses erweiterte Verständigungssystem einerseits die Gedanken (Reflexionen) aller Beteiligten sichtbar macht, andererseits die Wechselwirkung zwischen Führenden und Geführten widerspiegelt (reflektiert) und drittens wie ein Reflektor die Signale zwischen dem machtfreien Verständigungsraum und der machtbezogenen Umwelt übermittelt, sprechen wir im folgenden von einem Reflexionssystem. Die Abbildung Seite 188 zeigt das Schema eines Reflexionssystems.

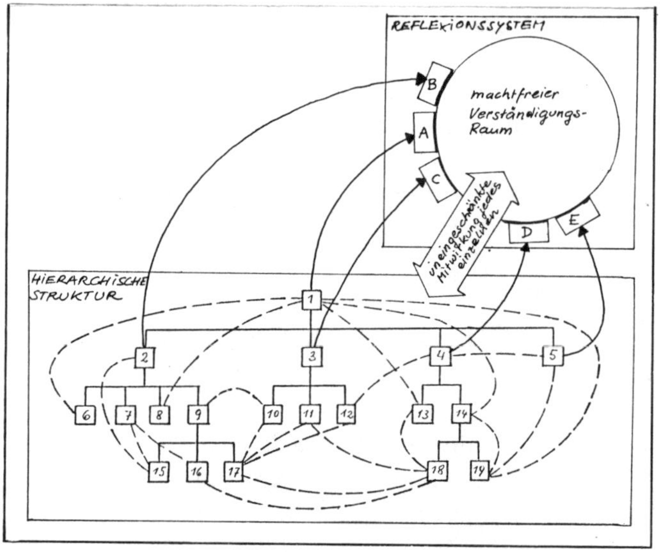

Schema eines Reflexionssystems

Die hierarchische Organisation bleibt in allen ihren Funktionen unverändert. Das zweckgebundene Verständigungsnetz bleibt weiterhin von den Funktionen her bestimmt. Die einzelnen Menschen erfüllen wie bisher ihre speziellen Aufgaben in ihren Verantwortungsbereichen. Darüber hinaus können sie sich im machtfreien Verständigungsraum zu jedem beliebigen Thema für alle sichtbar frei äußern. Führungskräfte sind davon nicht ausgenommen; einen Ausschließungsgrund, der durch Rangstufen bedingt ist, gibt es nicht. Von den persönlichen Aussagen des Einzelmenschen im machtfreien Verständigungsraum sind die Stellungnahmen zu unterscheiden, die im Auftrag vieler Menschen abgegeben werden, oder durch Weisungsbefugnisse, Machtausstattung und Verantwortlichkeit Gewicht haben. Für diese offiziellen und verbindlichen Stellungnahmen sind eigene Antwortbereiche eingerichtet. Im Schema sind zum Beispiel die Antwortbereiche A — E den Führungsfunktionen 1 — 5 zugeordnet. Sie sind die Nahtstellen einer Verständigung zwischen Führenden und Geführten, zwischen auswählendem Zieldenken und dem gesamten Potential an Lösungsfähigkeit, Erfahrung und Spezialwissen.

Das Reflexionssystem sollte nicht im Sinne einer Trennung der Entscheidungsträger von den Ausführenden gesehen werden. Es steht nämlich jedem Inhaber einer Führungsposition frei, sich vorerst mit seiner persönlichen Meinung an der Diskussion im machtfreien Verständigungsraum zu beteiligen und seine Meinung im Laufe der Auseinandersetzung zu formen, bevor er sich im Aussagebereich für Entscheidungsträger bindend festlegt. Vor allem bei Entscheidungen, die nicht von Einzelpersonen, sondern von Gruppen zu fassen sind, könnte dies der Vorbereitung zur Entscheidungsfindung dienen.

Die Entscheidungs- und Machtträger werden noch aus weiteren verschiedenartigen, sehr menschlichen Gründen an den Ergebnissen machtfreier Verständigung interessiert sein: aus ehrlichem Bemühen, aus Vorsicht, aus Eigennutz, Argwohn oder Neugier. Umgekehrt wird auch das Interesse der Untergebenen vorhanden sein, sich über Dinge zu äußern, die große Teile ihres Lebens bestimmen.

Die Hürden, an die Machtträger heranzukommen, die bisher für den einzelnen unüberwindlich schienen, sind dadurch beseitigt. Der Funke erfolgreicher Ideen im machtfreien Verständigungsraum wird daher auch auf jene Ebenen überspringen, die für ihre Verwirklichung verantwortlich sind.

Obwohl machtfreie Verständigung aufgrund ihrer Prinzipien nicht auf Zwang, Druck oder Gewalt aufbaut, wird ihr Einfluß auf die Machtstrukturen nicht ausbleiben.

Obwohl es in machtbezogenen Systemen hunderte Argumente geben wird, machtfreie Verständigung als unzumutbar, unnütz oder gleichmacherisch hinzustellen, wird sie vor allem dann in hierarchische Strukturen vordringen, wenn ihre Vorteile für die Ziele der Organisation so offensichtlich sind, daß die Verantwortlichen nicht darüber hinwegsehen können.

Zwei Hauptgruppen von Anwendern für Reflexionssysteme lassen sich daher heute schon vorhersagen. Die eine Gruppe sind Unternehmen, die den größtmöglichen Intelligenzeinsatz ihrer Mitarbeiter als die wichtigste Grundlage ihres Erfolges ansehen. Die andere Gruppe sind Organisationen, die den Menschen dienen wollen oder sich wenigstens den Anschein der Gemeinnützigkeit geben. Die erste Gruppe wird die Möglichkeiten machtfreier Verständigung durch Versuche erforschen und erarbeiten, die zweite Gruppe wird von den Menschen, denen ihre Organisationen dienen sollen, wahrscheinlich dazu gezwungen werden.

Beide Gruppen müssen bemüht sein, sich dem raschen Wandel laufend anzupassen. Versteinerungen durch unnütze Machtkonzentrationen können dabei nur hinderlich sein.

Eine Aufgabe dieses Abschnittes ist es daher auch, die Vorteile machtfreier Verständigung für hierarchische Systeme deutlich herauszuarbeiten. Dazu ist es notwendig, die Aufgaben der Führung gegen die neue Form der Mitarbeit abzugrenzen.

Wie der Vergleich mit lebenden Organismen bereits hervorgehoben hat, erfolgt die Zielsetzung im hierarchischen System auf der höchsten Rangstufe. Daraus ergeben sich die Teilziele der rangtieferen

Gruppen. Zielsetzung ist dabei die bindende Festlegung eines Gemeinschaftszieles, nach dem sich alle ausrichten müssen.

Der eigentlichen Zielsetzung geht aber ein oft langer Prozeß der Zielsuche voran. Dabei werden immer wieder mögliche Ziele aufgezeigt, gegeneinander abgewogen, in Einzelheiten abgeändert, erneut abgewogen, verworfen oder auch bestätigt, bis im Rahmen der Zielsetzung aus ihnen dasjenige ausgewählt wird, das in der Folge zum Gemeinschaftsziel werden soll.

Für gewöhnlich wird zwischen den höchst unterschiedlichen Aufgaben der Zielsuche und Zielsetzung nur sehr ungenau unterschieden. Wenn die Zielsetzung von der Spitze der Hierarchie ausgeht, liegt es nur zu nahe, auch die Zielsuche und Zielformulierung unabdingbar für Aufgaben der Führungsspitze zu halten. Die nicht erfolgte Begriffstrennung zwischen Zielsuche und Zielsetzung diente als Anlaß und Vorwand, die Führung allein als Träger aller Willensbildung anzusehen.

Während Zielsetzung das Ergebnis eines Entscheidungsvorganges ist — und somit in diesem Buch nicht untersucht werden soll —, bedarf die Zielsuche eines Verständigungsvorganges. In seinem Verlauf werden die Erfordernisse der Organisation, die Vor- und Nachteile der vorgeschlagenen Lösungen um so gründlicher untersucht werden, je größer der Einsatz von Intelligenz, Wissen und Erfahrung ist. Es ist nicht einzusehen, warum interessierte und denkfähige Menschen von der Zielsuche ausgeschlossen werden sollen. Ohne die Entscheidungsbefugnisse in einer Organisation auch nur im geringsten zu verändern, schafft machtfreie Verständigung und ihr Einsatz bei der

Zielsuche einen Bereich geistiger Mitwirkung, der sich nur zum Vorteil der Organisation auswirken kann.

Instrument der Mitwirkung ist das Reflexionssystem mit seinen Aussagebereichen für die Entscheidungsträger. Voraussetzung für seinen wirksamen Einsatz ist sachlich richtige und möglichst vollständige Information auf allen Ebenen. Ferner eine Lösung der Abhängigkeit der Menschen von einzelnen Personen — zum Beispiel dem Wohlwollen eines einzelnen Vorgesetzten —, damit nicht wichtige Äußerungen aus Furcht unterbleiben. Es wird die Aufgabe der Verantwortlichen sein, in ihrem jeweiligen Verantwortungsbereich für diese Unabhängigkeit zu sorgen. Wo immer sie dieser Aufgabe nicht oder nicht genügend nachkommen, wird das Absterben des entsprechenden Aussagebereiches im Reflexionssystem den Mißstand aufzeigen. Sie werden nicht umhin können, sich dafür zu verantworten, da sie die Interessen der Organisation, denen ein lebendiges Reflexionssystem nachgewiesenermaßen dient, nicht entsprechend wahrnehmen.

Selbst unter der Voraussetzung, daß ein Reflexionssystem nur geduldet, nicht gefördert wird, ergeben sich für die Gemeinschaft und die Gemeinschaftsleistung große Vorteile. Zum Beispiel wird es schwer sein, nützliche Ideen jahrelang versanden zu lassen, weil alles im gewohnten Trott läuft und sich niemand für die Idee eines anderen einsetzen will. Wenn zu viele Menschen den Wert einer Idee erkannt haben, laufen die Miesmacher Gefahr, als unfähig zu gelten. Auf die Vorteile im Bereich der Zielsuche haben wir schon hingewiesen. Egoistische Motive der Verantwortlichen werden sich nicht einschleichen können, da sie im Reflexionssystem den prüfenden Anfragen nicht standhalten würden. Im unvoreingenommenen Auswahlprozeß haben nur die brauchbaren Vorschläge Aussicht zu bestehen. Jede Schwachstelle der Organisations- und Verständigungsstruktur würde aufgedeckt werden. Die Probleme würden für alle sichtbar. Lösungen können vorgeschlagen werden. Ein Vertuschen von Problemen und Lösungsvorschlägen wird unmöglich.

Wer als Berater und Organisator in vielen Betrieben herumkommt, sieht auf Schritt und Tritt Menschen statt miteinander gegeneinander arbeiten. Die Hindernisse, die dabei auftreten oder aus machtbezogenen Gründen errichtet werden, sind für die Unternehmensleitung nicht sichtbar. Im kontrollierten Bereich einer Machtstruktur werden manche heiße Eisen nicht angefaßt, die im Interesse des gemeinsamen Erfolges im Reflexionssystem schonungslos aufgegriffen würden.

Das Angebot von Lösungen, Vorschlägen und Formulierungen aus den untergeordneten Rangstufen hat den Vorteil, daß die spezialisierten Kenntnisse der Mitwirkenden zu realitätsnahen Gesichtspunkten für Probleme beitragen, für die auf übergeordneten Stufen der Hierarchie das Spezialwissen fehlt.

Der einzelne, der an der geistigen Auseinandersetzung im Reflexionssystem teilnimmt, befindet sich in einem ständigen Lernvorgang mit und an der Gemeinschaft. Das sichert ständiges Training und geistige Beweglichkeit, welche wieder zu neuen und besseren Lösungsvorschlägen führen. Der Mitarbeiter findet im Reflexionssystem neue Möglichkeiten, sich zu bewähren. Statt sich an Titel und Sessel zu klammern, statt Vorgesetzte auszubooten oder grundlegende Systemveränderungen zu fordern, werden brachliegende Intelligenz und Erfolgshunger auf Leistungen im Dienste der Gemeinschaft gelenkt: Denn nur Lösungen, die der Gemeinschaft nützen, finden Echo und Weiterentwicklung im machtfreien Verständigungsraum. Das entstehende Gemeinschaftsbewußtsein trägt weiter zur Gemeinschaftsleistung bei. Bisher blockierte Intelligenzreserven werden freigesetzt.

Die Liste der Vorteile ist nicht vollständig. Wichtig ist, daß sie entstehen, ohne daß dadurch irgend jemandem neue Lasten, neuer Streß aufgeladen wird. Im Gegenteil: Der einzelne wird aus einem bloßen Funktionsträger, welcher vor Überforderung bangen und um das Wohlwollen seines Vorgesetzten zittern muß, zu einem Vollblutmenschen, der sein Selbstverständnis im machtfreien Verständigungsraum erproben kann. Seine begründeten Vorstellungen werden dort Unterstützung finden, ohne „in den Himmel wachsen zu können".

Wenn nun eingewendet werden sollte, daß sich in einem Unternehmen oder einer Organisation niemand finden wird, der über seine bezahlten Pflichten hinaus an der Lösung von Problemen mit eigenen Gedanken mitwirken möchte, so erfährt damit die Forderung nach Mitbestimmung die denkbar einfachste Auflösung. Denn niemand kann den Anspruch erheben, mitbestimmen zu wollen, ohne sich eigene Gedanken gemacht zu haben. Fremdbestimmung und gelenkte Außensteuerung durch zentrale Machtapparate außerhalb des Unternehmens verlieren dadurch einen der gewichtigsten Vorwände ihrer Einflußnahme. Ihr Einfluß kann nun nur mehr über einzelne Personen erfolgen, soferne sich diese als Strohmänner hergeben und sich im machtfreien Verständigungsraum durchsetzen können. Von außen geltend gemachte Machtansprüche werden im machtfreien Verständigungsraum nicht weniger Widerspruch hervorrufen als jeder andere Machtmißbrauch. Auch im Fall politischer Einflußnahme wird die Schlechterstellung einzelner Mitarbeiter, die sich einem Meinungszwang nicht beugen wollen, durch den machtfreien Verständigungsraum zum sichtbaren Zeichen machtbetonter Einflußnahme werden. Gleichgültig, ob ungerechtfertigte Macht von außen oder innerhalb der Hierarchie ausgeübt wird, entsteht durch das Reflexionssystem ein Gegengewicht, das den Nachteilen der Machtbetonung entgegenwirkt.

Das Reflexionssystem erlaubt eine klare Trennung zwischen einem beliebigen Entscheidungsmechanismus und der geistigen Grundlage, auf der Entscheidungen aufbauen. Dabei bleibt die funktionsgerechte Struktur des vorhandenen Systems unverändert erhalten, seine Organisation, seine Verantwortungsbereiche und sein zweckgebundenes Verständigungsnetz. Nicht allein für den Geführten entsteht das Angebot zur geistigen Mitwirkung, auch für die Entscheidungsträger ergibt sich ein Angebot von positiven Vorschlägen, die sich in der Auseinandersetzung bereits bewährt haben.

Die in diesem Abschnitt entwickelten Gedanken über den Einsatz von Reflexionssystemen als Bestandteil hierarchisch geführter Organisationen sind ein erster Ansatz, zu dem das letzte Wort noch nicht gesprochen ist. Es wird der praktischen Erprobung vorbehalten bleiben, diese Gedanken zu bestätigen und weiterzuführen. Die Praxis wird auch zeigen, inwieweit neu entstehende Organisationen von Grund auf auf machtfreie Verständigung aufbauen können. Gerade die Einrichtungen der Demokratie könnten, wenn demokratische Grundsätze wirklich befolgt werden, völlig neue Wege gehen und Vorbildwirkung erzielen.

10

MACHTFREIE VERSTÄNDIGUNG IN DER DEMOKRATIE

Den Grundsätzen der Demokratie zufolge soll alle Staatsgewalt vom Volk ausgehen. Staatliche Herrschaft ist in der Demokratie nur soweit gerechtfertigt, wie sie von der Mehrheit der Beherrschten gebilligt oder in ihrem Auftrag vollzogen wird. Der Grundsatz der Rechtsstaatlichkeit bindet auch die Staatsgewalt an ein für alle Bürger geltendes Recht. Ferner ist der Staat verpflichtet, jede Gefährdung oder Beeinträchtigung der Grundrechte zu verhindern. Die Verfassungen der meisten westlichen Demokratien enthalten — je nach Alter der Verfassung — mehr oder weniger ausgedehnte Grundrechtskataloge.

Eines dieser Grundrechte ist das Recht auf freie Meinungsäußerung. Von den weiteren Grundrechten seien hier noch das Recht auf Informationsfreiheit, auf Gleichheit vor dem Gesetz, auf Glaubens-, Gewissens- und Bekenntnisfreiheit und auf die Unantastbarkeit der Menschenwürde erwähnt. Aus der Gesinnung, die in diesen Grundrechten deutlich zum Ausdruck kommt, kann die Verpflichtung der Staatsmacht abgelesen werden, alle Bürger vor dem Meinungsdruck großer machtausübender Gruppen zu schützen und ihre unabhängige Meinungsäußerung bestmöglich zu fördern. Damit wären Voraussetzungen gegeben, den Bürgern machtfreie Verständigungsmöglichkeiten gemäß den Grundsätzen der Demokratie zu garantieren.

Trotz dieser ermutigenden Voraussetzungen in vielen Staaten der freien Welt wird sich erst erweisen müssen, ob und wie weit sich die eigentlich Machtausübenden im Staat, die Parteien, Verbände, Bünde und großen Interessensvertretungen, den Grundsätzen der Demokratie und ihren Verfassungen tatsächlich verpflichtet fühlen. Wenn sie auf dem Standpunkt beharren, daß mit allgemeinen Wahlen und der Mitarbeit in ihren Organisationen dem Bürger ausreichende Mitwirkungschancen gegeben seien, zeigen sie, daß die dadurch entstehende offenbare Chancen-Ungleichheit in ihrem Sinne ist. Für alle unpolitisch Berufstätigen zum Beispiel würde das nämlich bedeuten, den heutigen Machtzentren der Demokratie alleine das Recht einräumen zu müssen, Meinungs- und Willensbildung über die Köpfe der nicht organisierten Bürger hinweg zu betreiben. Demokratie besteht jedoch gerade darin, daß möglichst alle Meinungen in der geistigen Auseinandersetzung die gleiche Chance haben, hörbar zu werden. Ein Staat, in dem sich die Bürger damit begnügen, die mächtigen Gruppen ihren Kampf mit ideologisch vorgefertigten Meinungen ausfechten zu lassen, während sie sich selbst bedingungslos einer dieser Gruppen unterordnen, ist keine Demokratie im Sinne der Verfassungsgrundsätze.

Der machtfreie Verständigungsraum stellt ein Idealmodell gleichberechtigter und unabhängiger Mitwirkung in einem gemeinschaftlichen Meinungsbildungsprozeß dar. Seine Erweiterung zum Reflexionssystem erlaubt den Kontakt mit den staatlich bestellten Macht- und Entscheidungsträgern. Mit Hilfe des Reflexionssystems könnte es, wie in diesem Kapitel gezeigt werden soll, gelingen, den Grundsätzen der Demokratie über die bloße Papierform hinaus zum Durchbruch zu verhelfen, ohne am bestehenden System Strukturveränderungen vornehmen zu müssen. Ohne in bestehende Vorgänge politischer Meinungsbildung eingreifen zu müssen, ohne die bestehenden Entscheidungsmechanismen in Frage zu stellen, können machtfreie Verständigungssysteme im politischen Bereich wirksam werden. Ihr evolutionäres Anschließen an die vorgegebenen Verhältnisse, ihr positives Angebot im Sinne der Demokratie — an den einzelnen und die Mächtigen — erschwert ihre Bekämpfung. Gruppen, die aus einem undemokratischen Alleinvertretungsanspruch machtfreie Verständigung bekämpfen, werden sich selbst disqualifizieren.

Die Annahme scheint daher begründet, daß Staatsmänner in den Demokratien der freien Welt bei genügendem Weitblick die Vorteile machtfreier Verständigung und Reflexion studieren, erkennen und geeignete Systeme letzten Endes staatlich fördern werden.

Das staatsweite Reflexionssystem

Ein machtfreier Verständigungsraum wird sich so weit ausdehnen, wie Menschen es für wünschenswert halten, über Entfernungen hinweg den Gedankenaustausch mit anderen zu suchen. Staatsgrenzen sind dabei weder technisch noch rechtlich ein Hindernis, soferne nicht diktatorischer Machtgebrauch den Informationsfluß unterbindet. Sieht man von den vielfältigen Lebensbezügen einer „grenzenlosen" Verständigung ab, so haben die Staatsgrenzen dennoch für den Teilbereich der politischen Aussage besondere Bedeutung: Ein Reflexionssystem, das im gesamten Staatsgebiet von allen Bürgern benützt werden kann, versetzt die Interessierten unter ihnen in die Lage, mit ebenfalls interessierten Vertretern der Staatshierarchie Kontakt aufzunehmen.

In diesem Medium der uneingeschränkten geistigen Auseinandersetzung, das allen offensteht, sind die Kontakte völlig unverbindlich; auch die Kontakte mit den offiziellen Vertretern, die an Vorschriften, Institutionsnormen, Wahlstrategien und taktische Fahrpläne ihrer Machtapparate gebunden sind. Diese offiziellen Kontakte entstehen nur dann und in jenen Fragen, in denen es die Vertreter für notwendig erachten, zu den gewichteten Aussagen im machtfreien Verständigungsraum Stellung zu nehmen.

Für den vom Volk in Parlament und Regierung gewählten Vertreter, der sich um Kontakt mit der Bevölkerung bemüht, folgt daraus eine völlig neue Möglichkeit unverbindlicher Einsichtnahme, aufklärender Tätigkeit und verantwortlicher Stellungnahme. Die Vielfalt der gewichteten Meinungen wird für ihn auch dann schon interessant sein, wenn die Zahl der Teilnehmer als Wählerpotential noch nicht ins Gewicht fällt — handelt es sich doch um Fragestellungen, die in der Bevölkerung entstanden sind und nicht von Meinungsinstituten ausgebrütet wurden.

Diese Entwicklung geht in eine andere Richtung als die heutigen Vorstellungen von direkter Demokratie. Es ist weniger wichtig, die Stimmenzahl-Barrieren für das Einbringen von Volksbegehren um einige Prozent heruntерzusetzen. Weitaus dringender ist es, dem Anspruch der Bevölkerung auf unbevormundete Meinungsäußerung eine rechtlich gesicherte Grundlage zu geben. Das staatsweite Reflexionssystem ist kein Mittel der direkten Demokratie, sondern ein Mittel zur besseren Verständigung. Es liefert keinen Entscheidungsmechanismus und verlangt keine Änderung der verfassungsgemäßen Ordnung. Es verringert die Distanz der Bevölkerung zu ihren Vertretern und soll alle Meinungen hörbar machen, damit gemeinschaftliches Wirken darauf aufbauen kann.

Die heute unterentwickelten Möglichkeiten, sich politisch wirksam verständlich zu machen, lassen nämlich kaum einen anderen Ausweg offen, als durch Demonstrationen die öffentliche Aufmerksamkeit zu erzwingen. Ausdrucksmittel der Demonstration sind wenige, zu Parolen vereinfachte Aussagen. Ins Gewicht fällt die Zahl der Teilnehmer, die Lautstärke der Sprechchöre, die Erregung der Menge, von der Gefahr ausgeht. Da diese Ausdrucksmittel Verständigung unmöglich machen, kann ihnen mit Argumenten nicht begegnet werden. Jede Meinungsverschiedenheit muß sich zur Kampfsituation zuspitzen, die von Schreiduellen nur zu leicht in tätliche Auseinandersetzungen umschlägt: Statt mit Argumenten wird die Auseinandersetzung mit Steinen, Knüppeln und Bomben geführt. In der heutigen Demokratie, mit ihren untauglichen Ausdrucksmöglichkeiten, liegt im Zwang zur Demonstration bereits der Samen zur Gewalttätigkeit. Das staatsweite Reflexionssystem dagegen hebt politische Betätigung von der Stufe der Straßenschlacht, der Demonstration, Agitation, der Drohung mit Kampfmaßnahmen auf eine höhere Stufe fortgesetzten Bemühens um Gespräch und Verständigung zwischen allen Kräften des Landes.

In der angestrebten Ausbaustufe wird es aus lokalen und übergeordneten großräumigen Teilsystemen in allen Gebieten des Staates zusammengesetzt sein, wobei Zahl und Größe der Teilsysteme den Bedürfnissen der Benützer angepaßt sind.

Der Staatsbürger kann sich zu Problemen seiner engeren Umgebung äußern, indem er seine Aussagen in den entsprechenden lokalen Bereich des Verständigungssystems stellt, er kann auch zu regionalen oder staatsweiten Problemkreisen Stellung nehmen, indem er seine Aussagen in die dafür vorgesehenen Bereiche sendet. Dieser Gliederung entsprechend können auch die offiziellen Vertreter lokal, regional und staatsweit antworten. Die Einflüsse dieses staatsweiten Reflexionssystems auf das politische Klima lassen sich zumindest der Tendenz nach vorhersehen. Die Stellung des Staatsbürgers zur modernen Demokratie, mit ihren mächtigen ideologischen Lagern, mit ihren angewandten Methoden psychologischer Meinungssteuerung über die Massenmedien, die tief ins Bewußtsein der Regierten reichen, die Einstellung des einzelnen zum Staat also, kann dadurch unter neuen Gesichtspunkten gesehen werden. Den vorhersehbaren Einflüssen staatsweiter Reflexionssysteme sind die folgenden Seiten gewidmet.

Heute wird vielfach die Ansicht vertreten, die Probleme der modernen Industriegesellschaft seien so komplex, daß der einzelne sie nicht durchschauen kann und daher auch nicht mitsprechen sollte. Wir haben bereits die Frage gestellt, wer denn eigentlich in der Lage sein soll, Politik für alle zu machen. Der Spitzenfunktionär einer Partei, der heute Gesundheits- und morgen Verteidigungs-, Bauten-, Sozial- oder Außenminister seines Landes sein kann? Oder ein Spezialist aus einer staatlichen Verwaltung?

Diesem Eignungsproblem stellt das staatsweite Reflexionssystem einen neuen Ansatz gemeinschaftlicher Lösungsfindung zur Seite. In allen langfristigen Problemkreisen kann die Verständigungsgemeinschaft eine umfassende sachliche Kompetenz entwickeln, ohne die Teilnehmer der Gemeinschaft an bestimmte Funktionen zu binden oder gar hierarchisch zu organisieren. Letzten Endes sollte es keinen Ausschlag geben, von wem Lösungsvorschläge kommen, solange sie geeignet sind, im Bewußtsein der Gemeinschaft Gewicht zu erlangen und dadurch zur Grundlage späterer Entwicklungen zu werden.

Von dieser Idealvorstellung sind wir heute so weit entfernt, daß sie für eine Utopie gehalten werden könnte. Der einzelne lernt zwar, als ein Bestandteil immer größer werdender Organisationen zu funktionieren, wobei er zunehmend in hochtechnisierten Informationssystemen mitwirkt; die Systeme sind aber nicht dazu errichtet, die geistige Mitwirkung des einzelnen über seine begrenzte Spezialfunktion hinaus für die Gemeinschaft nutzbar zu machen.

Verständigung wird im Gegenteil in der Gesellschaft mehr und mehr zu einer Scheinverständigung, bei der wenige Personen über die Massenmedien öffentlich zu Wort kommen, während die überwiegende Mehrheit nur stumm zusehen und lauschen kann. Die Meinungsbildner haben heute vielen das Denken abgenommen. Die Öffentlichkeit ist von meinungsbildenden Institutionen derart durchsetzt, daß die Meinungen von Minderheiten oder gar eines unabhängigen einzelnen, sollten sie wider Erwarten an die Öffentlichkeit dringen, sofort in eines ihrer Netze geraten würden. Demokratische Machtpolitik begnügt sich nicht damit, den Willen der Mehrheit auf demokratische Weise festzustellen, sie läßt nichts unversucht, den Willen der Mehrheit selbst herzustellen. Mitbestimmung wird so zur Fremdbestimmung.

Die Demokratie ist Schauplatz eines gleichbleibenden Wechselspiels zwischen Meinungsbildung und Machtverteilung. Von Wahltermin zu Wahltermin wird alle Macht eingesetzt, um die mehrheitliche Meinung für die eigene Partei einzunehmen und damit neuerlich die Macht zu gewinnen. Einen Wahlsonntag lang darf der regierte Souverän Volk in freier, geheimer Wahl die Macht im Staat auf wenige vorgegebene politische Parteien neu verteilen — das ist seine Mitsprache. Dann beginnt von neuem der Prozeß machtpolitischer Meinungssteuerung.

Die Positionen sind auf diese Weise mangels besserer Alternativen derart festgefahren, daß am Wahltag mit geringfügigen Schwankungen nur die bestehenden Machtverhältnisse wieder bestätigt werden. Wenn 2 von 100 Menschen nach vier Jahren anders wählen, als bei der vergangenen Wahl, sprechen gelernte Demokraten von einer Erdrutschwahl.

Der verbissene Kampf um die Macht wird in dieser für demokratisch gehaltenen Form weitergehen, solange die politischen Parteien in ihren meinungsbildenden Organisationen das wirksamste Mittel sehen, das Wählerverhalten zu beeinflussen. Dabei spielt es keine Rolle, daß der geistig unterschätzte Bürger seinerseits meint, von Betriebsblinden geführt zu werden, die über den nächsten Wahltermin nicht hinaussehen. Die beiderseitige Geringschätzung ist weder begründet noch förderlich.

Im staatsweiten Reflexionssystem dagegen würden die Themen auch durch unabhängige Aussagen von Teilnehmern von mitunter hoher Intelligenz, gründlich unvoreingenommen und umfassend behandelt werden. Davon wird ein Zwang zur Qualität der Aussage ausgehen, dem sich auch politische Parteien nicht entziehen können. Mitsprache in dieser Form, wird — abgesehen von der erhöhten Chance auf neue Lösungen — zum Abbau der gegenseitigen Fehleinschätzungen und zur Verbesserung des politischen Klimas beitragen. Mitsprache in dieser Form sollte nicht mit der Forderung nach Mitbestimmung verwechselt werden. Im machtfreien Verständigungsraum kommt es zuerst und allein auf brauchbare Gedanken an, von wem immer sie kommen mögen. Sie gewinnen in der geistigen Auseinandersetzung Gewicht, ohne daß damit schon Entscheidungen fallen. Mitbestimmung ohne eine frei zugängliche Mitsprache sollte als Widerspruch in sich begriffen werden. Das Reflexionssystem wird zum Maßstab werden, der Mitbestimmung und Fremdbestimmung im politischen Leben deutlich zu unterscheiden erlaubt.

Das staatsweite Reflexionssystem ist geeignet, den einzelnen Bürger durch seine Mitwirkung aufzuwerten. Dadurch wird eine bisher ungenützte Beobachtungsfähigkeit der Bevölkerung freigesetzt. Der staatlichen Verwaltung und den politischen Organisationen erwächst im staatsweiten Reflexionssystem ein hochwirksames Kontrollinstrument, in dem von jedem beliebigen Bürger Mißstände aufgegriffen oder auch positive Entwicklungen unterstützt werden können. Es zählt jedoch zu den Vorzügen machtfreier Verständigung, daß Kritik meist zu konstruktiven Vorschlägen Anstoß geben wird. Gegenseitige Anregung führt dabei zu gesteigerter Ideenfreudigkeit und damit zu erhöhtem Problemlösungsvermögen.

Kontrolle wird somit für alle möglich, die über nachweisbare Fakten verfügen, Ideen haben und — die Zivilcourage aufbringen, sie öffentlich zu vertreten. Niemand wird sich um seine Berufslaufbahn sorgen müssen, weil er im staatsweiten Reflexionssystem eine gute Sache ehrlich vertritt. Selbst dann nicht, wenn der Gesetzgeber keinen rechtlichen Schutz für die Mitwirkung im Reflexionssystem vorsieht, um Mitsprache anzuregen. Jede Schlechterstellung, jede Machtwillkür, die den einzelnen wegen seines mutigen Eintretens treffen sollte, würde heftige Reaktionen im machtfreien Verständigungsraum auslösen und dadurch sehr schnell öffentlich bekannt werden.

Der Selbstreinigungsprozeß, ein Vorzug machtfreier Verständigungssysteme, würde dadurch unaufhaltsam auch das Staatswesen erfassen. Die besten Vorschläge hätten gute Aussicht, auch gegen unbegründete oder eigennützige Amtsschimmelmentalität durchgesetzt zu werden.

Die Kontrollfunktion des staatsweiten Reflexionssystems wird zum Teil heftige Auseinandersetzungen hervorrufen. Es ist möglich, daß sich spezielle Verfahren ausbilden werden, um strittige Fragen sinnvoll zu lösen. Doch gerade im Bereich des Gemeinwohls wird der Nachweis demokratischer Grundsätze darin bestehen müssen, daß machtfrei gewonnene Lösungsvorschläge nicht mit Gewalt niedergeschlagen, sondern nur durch begründete und überzeugende Argumente widerlegt werden können. Diese Prüfung wird besonders für politische Organisationen von Wert sein, wenn sie demokratische Ziele durch entsprechendes Verhalten öffentlich unter Beweis stellen wollen.

Aus dieser Logik ergibt sich eine Sondenwirkung, die ungerechtfertigte Machtkonzentrationen sichtbar macht, sobald die Machtträger versuchen, Verständigungsvorgänge im staatsweiten Reflexionssystem zu unterbinden.

Öffentlichkeit

Mitsprache und Kontrolle setzen bei allen Beteiligten einen hohen Grad sachgemäßer Information voraus. Derzeit bleibt stets die Frage offen, wie weit die in den Massenmedien übermittelten Inhalte von staatlichen oder privaten Interessen beeinflußt sind. Wie schon erwähnt, wird im staatsweiten Reflexionssystem einseitige Information sofort aufklärende Antwort finden. Die „gemachte“ Öffentlichkeit der einflußreichen Kräfte im Staat wird somit die notwendige Ergänzung im Sinne einer freien Informations- und Meinungsbildung erfahren.

Dennoch wird das staatsweite Reflexionssystem nicht zum Konkurrenzmodell der organisierten Massenmedien werden. Beide sind notwendig, beide werden sich einander ergänzen. Presse, Hörfunk und Fernsehen nehmen Aufgaben der öffentlichen Information wahr. Sie liefern aktuelle Grobinformation. Im staatsweiten Reflexionssystem sammelt sich hingegen, auf Anfragen der Teilnehmer hin, die spezielle, aufs Problem bezogene und authentische Information. Quelle hierfür kann jeder sein, ob er nun als Vertreter einer Organisation antwortet oder aus eigenem Antrieb. In beiden Fällen zeichnet er mit seinem Namen für die Information verantwortlich.

Von der Tatsache, daß im staatsweiten Reflexionssystem unabhängige Menschen herausfordern und ideologisch oder institutionell festgelegte Personen antworten können, geht eine menschlich begründete Anziehungskraft für viele Beobachter aus. Daher ist gerade für die Auseinandersetzung zwischen den machtfreien und den machtbezogenen Stellungnahmen eine große Öffentlichkeitswirkung zu erwarten. Das freie Argument erhält dadurch um so mehr Veröffentlichungschancen, je mehr sie ihm durch Machteinsatz verweigert werden.

Politische Parteien

Obwohl sich die politischen Parteien größtenteils schon in den frühen Anfängen des parlamentarischen Lebens gebildet haben und sich in einigen Staaten in den Verfassungen verankern konnten, war ursprünglich ihr Alleinvertretungsanspruch nicht ausdrücklich darin vorgesehen. Aus ihrem konsequenten Machtstreben jedoch folgten nicht nur Herrschaftsansprüche über Mittel und Einrichtungen des Staates, zum Beispiel der öffentlichen Meinungsbildung, sondern es gelang den großen Parteien auch, alle Schlüsselstellen der staatlichen Verwaltung mit Gefolgsleuten zu besetzen.

Im Kern einer Partei ist man sich einig, eine verschworene Kampfgemeinschaft zu sein. Um ideologisch und programmatisch festgelegte Parteiziele durchsetzen zu können, müssen zuerst Einfluß und Macht gewonnen werden. Eine Partei ohne Macht ist wie ein Heer ohne Waffen, sie wird von den Gegnern niedergerannt. Parteipolitik ist daher zuallererst Machtpolitik. Ihr haben sich alle nach außen gerichteten Aussagen und Maßnahmen unterzuordnen. Um im Schlagabtausch mit den politischen Gegnern rasch und geschlossen operieren zu können, muß die gesamte Parteimaschine von wenigen Leuten verzögerungsfrei und fehlerlos steuerbar sein. Politische Parteien neigen daher zu äußerst straff geführten hierarchischen Organisationen, an deren Spitze kleine, mit aller Parteimacht ausgestattete Führungsgruppen stehen.

Verständigung im Wirkungsbereich einer politischen Partei ist in zweifacher Hinsicht machtbezogen. Nach außen strebt die Partei die höchstmögliche Macht im Staat an, in ihrem Inneren bemühen sich die Mitglieder um einen Aufstieg in das Zentrum der Parteimacht, das in der Spitze der Funktionärshierarchie konzentriert ist. Wie wenig dabei parteiinterne Verständigung oder Willensbildung dem einzelnen Parteimitglied eine Möglichkeit bietet, eigene Vorschläge hörbar zu machen, läßt sich an der großen Zahl der Parteigänger ablesen, die an Bürgerinitiativen teilnehmen und sich also davon offensichtlich mehr Einfluß erhoffen, als sie im innerparteilichen Willensbildungsprozeß gewinnen konnten.

Diese Erscheinung legte die Frage nahe, wie weit politische Parteien aufgrund ihrer Machtbezogenheit überhaupt befähigt sind, der Forderung nach innerparteilicher Demokratie zu entsprechen. Daran schließt sich die weitere Frage, wie weit undemokratisch aufgebaute Organisationen geeignet sind, einen Staat demokratisch zu regieren. Bisher bleibt der innerparteiliche Führungsstil für Außenstehende weitgehend im dunkeln, obwohl er für die Wählbarkeit einer Partei von Bedeutung sein müßte.

Ein innerparteiliches Reflexionssystem kann mehrere dieser Probleme zugleich lösen. Es ermöglicht die ständige geistige Mitwirkung der Parteimitglieder und setzt diese in ein ausgewogenes Verhältnis zum notwendigen Einfluß der Parteispitze. Damit kann sich auch in der machtbezogenen Struktur der Partei eine demokratische Willensbildung entwickeln, ohne die Aktionsfähigkeit der Leute in der vordersten Front zu behindern. Für Außenstehende wird die Tatsache eines funktionierenden parteiinternen Reflexionssystems zum Nachweis demokratischer Gesinnung der Partei, der nicht ohne Einfluß auf die Wählbarkeit bleiben wird.

Dieser Vorstellung von einer demokratiefreundlichen Partei widerspricht die Beobachtung, daß der autoritäre Zwang der Parteidisziplin weit über die Grenzen der Parteiveranstaltungen hinausgeht. Die Großparteien stellen sich dem Wähler als gesellschaftstragende Institutionen dar, die vom ganzen Staatswesen Besitz ergriffen haben. In allen Bereichen des öffentlichen Lebens, in Staat und Wirtschaft, verfügen sie über die Schaltstellen und Informationsknotenpunkte. Alle Ämter und Funktionen, von denen gesellschaftlicher Einfluß ausgeht, stehen unter ihrer personalpolitischen Kontrolle. Parteiinterner Aufstieg ist daher nicht nur mit internem Machtgewinn verbunden, er verspricht auch rasches Vorrücken in einträgliche und angemessene Positionen im Berufsleben außerhalb der Partei. Eine Großpartei kann in alle Gesellschaftsfunktionen steuernd eingreifen, indem sie von ihren Gefolgsleuten als Gegenleistung für deren Berufung in hervorragende Positionen die absolute Unterordnung unter die zentral vorgegebene Machtpolitik erwartet.

Von diesen Schlüsselstellen aus reicht der Arm der Partei weit hinein in das Heer der materiell Abhängigen. Wäre es möglich, alle Mitläufer zu zählen, die ihr Parteibuch der beruflichen Vorteile wegen benötigen — für Gemeindewohnungen, für materielle Unterstützung, für Aufträge von Gemeinde, Land und Bund, für Auszeichnungen und Ehrungen, Orden und Titel —, wäre das alles offengelegt, so würde das weitverzweigte Netz der auf Selbsterhaltung ausgerichteten Machtstrukturen der Parteien sichtbar werden. Der Preis, der für die persönlichen Vorteile bezahlt wird, ist ein korrumpiertes, angepaßtes Verhalten: „Wes Brot ich ess', des Lied ich sing'".

In dieser politischen Landschaft ist es kaum denkbar, daß ein unabhängig gebliebener einzelner für seine freie Meinung nicht abgestempelt, nicht heruntergesetzt, nicht eingefärbt, nicht in eine politische Ecke geschoben, nicht verdächtigt, nicht schlechtergestellt würde. Die schweigende Mehrheit unterdrückt daher Äußerungen, die sie politisch in ein schlechtes Licht rücken könnte.

Die Klage mancher Politiker über die geringe Anteilnahme der Bevölkerung an Problemen, die alle betreffen, wird wenig nützen, solange diese Abhängigkeiten bestehen bleiben. In der Klage kommt aber auch ein Änderungswunsch zum Ausdruck, der darauf hindeutet, daß der einzelne Politiker auch nur ein Gefangener der bestehenden Verhältnisse ist — ob er diese nun ändern will oder nicht. Er ist gezwungen, machtbezogene Pflichtübungen mitzumachen, auch wenn er sie selbst vielleicht für undemokratisch und unzweckmäßig hält.

Das Versagen der Volksvertretung gegenüber dem Staatsbürger und seinem Grundrecht auf freie Meinungsäußerung wird von den Verfechtern zentraler Machtpolitik nicht zugegeben, oder vielleicht nicht einmal erkannt. Sie trifft die Hauptlast der Verantwortung für die Verständigungslosigkeit in der parlamentarischen Demokratie.

In dieses verfilzte Netz privater und öffentlicher Interessen, persönlicher Abhängigkeiten und zentral gestreuter Machtausübung wird das staatsweite Reflexionssystem nur langsam eindringen können. Während wir uns heute in den westlichen Demokratien über den politischen Meinungszwang in östlichen Diktaturen erhaben fühlen, könnte der machtfreie Verständigungsraum unerwartet allzu enge Grenzen der Meinungsfreiheit auch bei uns ans Licht bringen. Leute, die an starre Machtstrukturen und vorgegebene Ideologien gewöhnt sind, könnten im Aufkommen freier Meinungen und wechselnder Gruppierungen den Beginn der Anarchie sehen. Aber gerade die Bekämpfung machtfreier Verständigungssysteme läßt öffentlich erkennen, wo Macht zum Selbstzweck erhoben werden soll. Schließlich sind es nicht Systemänderungen, die gefordert werden, sondern der Schutz eines Grundrechtes der Demokratie vor dem Druck mächtiger Gruppen.

Im staatsweiten Reflexionssystem werden sich jene Menschen unabhängig äußern, die sich frei von parteiautoritärem Meinungszwang wissen. Ihnen winken keine persönlichen Vorteile aus der Parteibuchwirtschaft. Dafür sind sie frei, jedes Thema anzupacken; und sie haben die Möglichkeit, in der öffentlichen Diskussion angehört zu werden.

Ihre Motive sind prinzipieller Natur und liegen in der Suche nach Lösungen, die zur geistigen Übereinstimmung der Gemeinschaft führen oder zumindest eine weiterführende geistige Auseinandersetzung auslösen. Der Erfolg, den der einzelne Teilnehmer erleben kann, ist ideeller Art. Er drückt sich im positiven Echo der Verständigungsgemeinschaft aus und liefert ihm zweierlei Genugtuung: daß er einer Gemeinschaft angehört, mit der er in bestimmten Fragen geistige Übereinstimmung erzielen kann, und daß er fähig ist, an einem gemeinsamen Vorgang der Bewußtwerdung teilzunehmen. Wie nie zuvor wird dabei sichtbar werden, daß die Entwicklung der Gesellschaft von der Verständigung abhängt, die ihre Mitglieder zu einer Gemeinschaft verbindet.

Entschärfter Parteienstreit

Das bekannte Gruppenphänomen, das die Mitglieder einer Gruppe verführt, sich allesamt für besser zu halten als die Mitglieder anderer Gruppen, tritt auch im Streit der politischen Parteien deutlich hervor. Zwar blickt man von einer Partei aus nicht aus bloßer Selbstüberschätzung auf alle anderen herab; vielmehr handelt es sich um eine Zweckhaltung, die weit mehr anstrebt als nur gesteigertes Selbstwertgefühl. Politische Parteien leben geradezu davon, den politischen Gegner in aller Öffentlichkeit zu verteufeln und seinen Ruf zu schädigen. Es ist leichter, beim Wähler irrationale Ängste zu wecken, als ihn durch konstruktive Leistungen zu überzeugen. Die Urangst des einzelnen vor rücksichtsloser Staatsmacht ist noch zu Recht vorhanden, denn für die Ziele der Machtpolitik zählt die Masse und nicht das Einzelschicksal. Solange man den einzelnen isoliert halten kann, ist seine Meinung ungefährlich und daher nicht beachtenswert.

Zusätzlich werden im machtbezogenen Parteienstreit zwei Komponenten überzeichnet dargestellt. Zum einen ist es das überlaute Herauskehren der Erfolge der eigenen Partei, selbst dort, wo sie zweifelhaft sind, zum anderen das Aufbauschen der Schädigung des Staates durch den politischen Gegner. Jede Partei sucht und findet Gelegenheit, sich in der Rolle des untadeligen Richters über die anderen Parteien zu gefallen. Es kommt dadurch zu einem gegenseitigen Aufrechnen wirklicher und erfundener Verfehlungen, so als ob das Land von Bösewichten regiert würde.

Der Bürger, um den auf diese paradoxe Weise geworben wird, findet bestätigt, daß Politik auch in der

Demokratie eine schmutziges Geschäft sei. Er hat ein feines Empfinden für den eigentlichen Hintergrund des Parteienstreits. Hinter den intolerant vertretenen Parteimeinungen werden durchwegs eigennützige Ziele vermutet. Offensichtlich, so ist nicht selten zu hören, sind Vorteile, Privilegien, hohe Pensionen, Mehrfachbezüge, Repräsentationsgelder etc. ein unwiderstehlicher Anreiz, um den zu streiten manchem Menschen jedes Mittel recht ist. In diesem Taktieren um Macht und Pfründe kann der Außenstehende keinen hochwertigen Lebensinhalt erkennen, für den einzusetzen es sich lohnen würde. Kein Wunder, wenn viele ebenfalls Wege suchen und finden, sich schadlos zu halten, indem sie den Staat auf ihre Weise schädigen. Am überzeichneten Vorbild der Mächtigen meinen sie ablesen zu können, daß es immer und überall um den eigenen Vorteil geht. Klug sei also, wer für wenig Arbeit viel Geld fordert und möglichst wenig Steuern zahlt. Der Staat wird nicht als das Gemeinwesen angesehen, das alle seine Bürger verbindet. Aus dem Verhalten der politischen Parteien und ihrer Interessensverflechtungen folgt keinerlei Vorbildwirkung, die zu einer verbindenden Staatsgesinnung Anlaß geben könnte. Der Parteienstreit nützt — wenn überhaupt — nur den Parteien, nicht dem Staat.

Bisweilen wird die Ansicht vertreten, gerade der Parteienstreit sei für die Willensbildung im demokratischen Gemeinwesen notwendig. Nicht bedacht wird, daß die Zuschauer in diesem machtbezogenen Schauspiel denkende Menschen sind, deren Vertrauensvorschuß in die demokratische Gesinnung ihrer politischen Vertreter einem raschen Abnützungsvorgang unterliegt. Nicht bedacht wird weiters, daß der einfache Staatsbürger sowohl unverdient, als auch bisher unbeachtet in diesem Streit als Opfer auf der Strecke bleibt. Der rücksichtslos geführte Parteienstreit schüchtert den einzelnen ein. Dabei gehen zweifellos vorhandene aufbauende Kräfte der Bevölkerung unbemerkt unter.

Besonders in der Vorwahlzeit fällt neben dem Mangel an Toleranz der Mangel an Fairness auf. In dieser anfälligen Zeit sind die Funktionäre an strenge Fahrpläne gebunden. Mit Wahlwerbung, wahltaktischen Manövern, durch Schlagabtausch mit den politischen Gegnern, durch aufwendige Materialschlachten und Massenmedienveranstaltungen im Wahlkampf sind die Parteien derart beschäftigt, daß sie vor den Wahlen ihren eigentlichen politischen Aufgaben kaum noch nachkommen können.

In diesen Perioden politischer Lähmung geht die Diskussion im staatsweiten Reflexionssystem jedoch weiter. Von den politischen Parteien ausgeklammerte Themen werden dort erst recht aufgegriffen. Problembeschreibungen und gewichtete Lösungsansätze werden noch in der Vorwahlzeit bekannt sein. Ein Verhalten, das mehr der Partei als dem Staat dient oder das mangelndes Problembewußtsein der Partei erkennen läßt, könnte aufgedeckt werden und den Wahlausgang beeinflussen. Zentrales Versagen der machtorientierten Volksvertretung kann so unter Mitwirkung der Bevölkerung dezentral abgefangen werden. Aus der Sicht der Partei mag diese Vision unbequem erscheinen, doch für unabhängig denkende Bürger ist das Abgleiten ihrer Vertreter in den Leerlauf von Propagandaschlachten nicht tragbar.

Im staatsweiten Reflexionssystem kommt es nicht zur Ausbildung fester Gruppen. Der einzelne wird in den Fragen der Atomkraftwerke, des Schutzes ungeborenen Lebens, seines religiösen Bekenntnisses, seines Eigentums, des Rundfunkmonopols, des Gefälles zwischen reich und arm, der Vergangenheit oder der Zukunft seine eigenen Überzeugungen vertreten. Während es das Machtstreben der Partei verlangt, sich von politischen Gegnern aufs äußerste zu distanzieren, also auch ihre brauchbaren Bestrebungen pauschal abzulehnen, hat der unabhängige Teilnehmer im machtfreien Verständigungsraum Gelegenheit, einzelne Meinungen nach eigener Überzeugung zu unterstützen, ohne auf vorgegebene Parteilinien achten zu müssen. Während also das Partei- und Lagerdenken alles Trennende überbetont und die Gedanken der Gegenseite ungeprüft ablehnt, kommt es im machtfreien Verständigungsraum zu vielen sich überlagernden und vermischenden Entwicklungen, die dem steuernden Einfluß der Parteien weitgehend entzogen sind. Sehr wahrscheinlich stimmen nicht sämtliche Überzeugungen eines selbständig denkenden Menschen mit dem auf Wählerfang abgestimmten Pauschalprogramm einer einzigen politischen Partei überein. Die geistige Auseinandersetzung wird quer durch die politischen Lager gehen, ohne daß es zu jenen machtbezogenen Polarisierungen kommen wird, denen das Links-Mitte-Rechts-Schema noch genügen könnte.

Als Sprachrohr für Parteipolitik wird sich das staatsweite Reflexionssystem nur wenig eignen, man wird wie bisher bei den besser steuerbaren Medien der organisierten Öffentlichkeit bleiben. Parteipropaganda im beschriebenen Sinn wird im machtfreien Verständigungsraum rückständig wirken, Reideologierungsversuche sind dort chancenlos.

Mit den ausgleichenden Einflüssen des staatsweiten Reflexionssystems über die politischen Gräben hinweg, mit den neuen Möglichkeiten, die unbevormundeten Meinungen aus der Bevölkerung kennenzulernen, wird sich auch die Situation des Politikers verändern. Ein neues Bild des zukünftigen Politikers zeichnet sich ab. Um in der machtbezogenen Gesellschaft Einfluß zu erwerben, muß sich der werdende Politiker stets den vorgegebenen Bedingungen stellen. Heute muß er bereit sein, alle niederzuringen, die — wie er — mehr Macht anstreben. Sein Ziel muß sein eigener Machtgewinn sein. Dieser Auslese unterzieht sich im allgemeinen nur der, der einen ausgeprägten Willen zur Macht mitbringt. Das soziale Bewußtsein muß dabei gegenüber den egoistischen Motiven des Machtgewinns oft in den Hintergrund treten. Der Machtkampf als Ausleseprinzip begünstigt den Erfolg von Menschen mit stark eigennütziger Grundhaltung.

Im machtfreien Verständigungsraum zählt jedoch nicht der Urheber einer Idee, sondern ihr Inhalt. Das Ausleseprinzip, welches den Erfolg der Idee bestimmt, ist das Echo, das sie bei den Mitgliedern der Verständigungsgemeinschaft findet. Egoistische Ideen einzelner Personen können nicht mit der Unterstützung der Mehrheit rechnen. Wenn sich verantwortungslose Strömungen abzuzeichnen beginnen, werden vor allem die Verantwortungsbewußten das Wort ergreifen und bewußtseinsbildend wirken.

Egoisten sind durch ihre Selbstsucht naturgemäß nicht in der Lage, zur Gemeinsamkeit mit vielen Menschen zu finden, können also im machtfreien Verständigungsraum kein Gewicht oder gar Übergewicht erlangen. Während das machtbezogene Denken dem Eigennutz zuneigt, erzieht machtfreie Verständigung zum gemeinnützigen Denken. Der negativen Auslese durch den Machtkampf steht die positive Auslese einer durch Gemeinschaftsbewußtsein getragenen Verständigung gegenüber.

Der Politiker, der über das staatsweite Reflexionssystem zu Einfluß kommt, verdankt diesen Einfluß anderen Eigenschaften und einem anderen Verhalten als bisher. Er profiliert sich nicht durch Beschimpfungen des Gegners, er wird bekannt durch überzeugende Antworten. Er reagiert als Vertreter des Volkes — nicht der Partei — auf die sichtbar werdenden Probleme, Anregungen, Sorgen und Bedürfnisse. Er sammelt nicht Forderungen ein, um sie vorschnell in Wahlversprechen umzuwandeln, sondern bekennt sich zu den in der jeweiligen Situation vorhandenen Möglichkeiten. Er diskutiert Vorschläge aus der Bevölkerung mit allen Konsequenzen und schafft dadurch vermehrte Einsicht in die eigentlichen Probleme. Er löst sich vom Zwang der Parteipolarisierung, indem er den interessierten Teil der Bevölkerung nicht in Freund und Feind teilt und es vermeidet, ernsthaft vertretene Ideen mit Feindbildern zu belegen.

Mit Hilfe des staatsweiten Reflexionssystems kann es den Parteien gelingen, aufmerksame Vertreter des Volkes zu werden. In der für die politischen Parteien vorgesehenen Antwortbereichen wird es mehr auf die Qualität der Aussage ankommen, als auf die Lautstärke der Werbetrommel und des Parteienstreits. Eine neue Art des Gemeinschaftsbewußtseins wird ermöglicht.

Natürlich ist es auch denkbar, daß aus der Mitte der Verständigungsgemeinschaft befähigte Bürger hervorgehen, die sich für diese Form der politischen Vertretung besonders eignen. Sie sind in der Lage, die Problemlösungsfähigkeit ihrer Mitmenschen anzuregen, ihre besten Lösungen bekanntzumachen und durchzusetzen. Da sie aus einem ideologieneutralen System hervorgehen, in dem jeder seine Mitsprachechance hat, sind sie grundsätzlich für jeden wählbar. Die politische Partei, die sich dieser Vertreter aus dem Volk annimmt, hat die größten Aussichten, sich allen Wählern zu öffnen. Gleichgültig, in welcher Partei diese Entwicklung anfängt, oder ob eine eigene Partei ins Parlament einziehen wird, setzt sich dann machtfreie Verständigung innerhalb und außerhalb des Parteibetriebes so weit durch, daß auch im politischen Sinn von einer staatsweiten Verständigungsgemeinschaft gesprochen werden kann.

Bei der Erörterung der Prinzipien machtfreier Verständigung hat sich aufgrund der Forderung nach Machtfreiheit das Verfahren als ideologieneutral und überparteilich herausgestellt. In einem innerparteilichen machtfreien Verständigungssystem wären von der Parteinorm abweichende Meinungen nicht unterdrückbar. Die Gewichtung der Aussagen durch die große Zahl der Parteimitglieder und die Stellungnahmen der Parteispitze zu den gewichtigsten Meinungen im Reflexionssystem lassen dennoch die gemeinsame ideologische Grundlage deutlich hervortreten.

Daraus ergibt sich das Idealbild einer demokratiefreundlichen Partei mit reger geistiger Mitwirkung der breiten Basis, bei unverändert entscheidungsfähiger Führungsspitze.

Die Lernfähigkeit der Gesellschaft

Das staatsweite Reflexionssystem bringt einen umfassenden Vorgang gemeinschaftlicher Problemlösung in Gang, der mit einem Mindestmaß an Regeln auskommt und dabei Machteinflüsse ausschaltet. Er ist nicht dazu bestimmt, eine einzige, von allen anerkannte Lösung zu ermitteln. Vielmehr stellt er eine große Zahl von Entscheidungsalternativen zur Verfügung.

Mehr als heute wird dabei der Vorgang der Lösungsfindung und Beurteilung von der Entscheidungsphase getrennt. Die Bevölkerung wird es unmöglich machen, Probleme auf die lange Bank zu schieben. Die politische Arbeit wird sich — im Interesse des Wahlerfolges — auf die Zusammenarbeit mit der Bevölkerung konzentrieren.

Diese neuartige Situation ist grundverschieden von der heutigen. Die politischen Parteien sprechen zwar von Meinungsvielfalt, legen aber keinen Wert auf eine unabhängig gewonnene Lösungsvielfalt. Es ist ein auffallendes Merkmal machtbetonter Verständigung, daß sie es nicht anstrebt Lösungsalternativen anzubieten. Der Wähler soll nicht aus einer größeren Zahl von Möglichkeiten frei wählen können, sondern soll sich für oder gegen einen ideologisch besetzten Sachverhalt entscheiden. Der Ausgang — zum Beispiel einer Volksbefragung — wird als Sieg oder Niederlage einer Partei über eine andere gewertet.

Diesem machtbezogenen Verhalten ist auch die ursprüngliche Aufgabe des Parlaments zum Opfer gefallen, in dem die Abgeordneten in freier Wechselrede ihre Vorschläge vorbringen sollten. Das stärkere Argument sollte den politischen Ausschlag geben. Die Wirklichkeit sieht anders aus: jede Partei sucht für sich unter Ausschluß der Öffentlichkeit nach einer publikumswirksamen Lösung, deren Eignung als Schlachtruf im Kampf um die Gunst des Wählers das Wichtigste ist. Statt mit einer Lösungsvielfalt ziehen die Parteien mit dieser Lösungseinfalt ins Parlament. Der Abgeordnete ist durch Fraktionszwang auf die Kernaussage festgelegt, wenn er vor das Plenum des „Hohen Hauses" tritt. Eine Bereitschaft zur einsichtigen Diskussion mit dem politischen Gegner würde ihn augenblicklich von der Bildfläche fegen. Solcherart ist das Parlament zur bloßen Sprechbühne des Parteienstreits geworden.

Im übertragenen Sinn kann das staatsweite Reflexionssystem als ein Vorparlament angesehen werden, in dem die Macht der Parteien weitestmöglich aufgelöst und an die einzelnen Staatsbürger zurückgegeben wird. In ihm entsteht nicht nur eine befruchtende, sondern auch eine ausgleichende Wirkung quer durch die Parteien, die vor extremer ideologischer Einseitigkeit und dem Unterangebot an Lösungen schützt. Die machterhaltenden Lösungen der Parteien werden durch das Lösungsangebot der Betroffenen einer kritischen Herausforderung ausgesetzt. Die bereits vorhandenen und erstarrten Machtstrukturen der Demokratie werden dadurch aus ihrer Erstarrung gelöst, weil sie sich den vielen Anregungen nicht entziehen dürfen. Es wird darauf ankommen, auch in den eigenen Reihen keine geistige Mitwirkung auszuschließen. Die Lernfähigkeit sozialer Gebilde wie der Gesellschaft hängt davon ab, wieviele ihrer denkenden Menschen dazu gewonnen werden können, ihre Beobachtungen und Erfahrungen zu neuen Erkenntnissen zu vereinen. Aber auch wievielen von ihnen ermöglicht wird, den Vorgang der gemeinsamen Entwicklung geistig mitzuvollziehen. Und es erfordert nochmals gemeinsamen Intelligenzeinsatz, gewonnene Erkenntnisse in Maßnahmen umzusetzen, die menschenwürdig sind und allgemein anerkannt und geachtet werden.

So entsteht im staatsweiten Reflexionssystem eine geordnete Verbindung der mitwirkungsbereiten Bevölkerung mit den vorhandenen Machtstrukturen des Staates. Es bietet die Chance, die Demokratie zur lern- und daher lebensfähigsten Staatsform zu machen, die auch im raschen Wandel der Zeiten die menschlichste sein wird.

11

DIE GEISTIGE VERTEIDIGUNG DER FREIEN WELT

Wenn wir als Verfasser die möglichen Auswirkungen einer neuen Idee beschreiben, so sollte dies nach besten Wissen vollständig geschehen. Wir dürfen nichts unterdrücken, nur weil es uns im Licht unserer persönlichen Erfahrung als zu weit in die Zukunft gedacht erscheint: Niemand kennt diese Zukunft — für die sich die Vorbilder der Vergangenheit als nicht mehr zutreffend erweisen könnten. Was immer an wünschenswerten Möglichkeiten in der neuen Idee vorhanden ist, sollte herausgearbeitet und mitgeteilt werden. Wir wollen uns nicht durch Scheu vor Irrtum oder Kritik abhalten lassen, auch utopisch klingende Gesichtspunkte auszuführen: Wenn in ihnen auch nur ein Körnchen einer wirklich möglichen Zukunft enthalten ist, sollte darüber gesprochen werden.

Der Gegensatz zwischen Macht und Verständigung, den wir in diesem Buch herausgearbeitet haben, erklärt das offenkundige Versagen aller Machtpolitik, langfristig Frieden zu gewährleisten. Friede setzt Verständigungswillen und Verständigungsbereitschaft voraus. Machtorientierte Gesellschaften müssen beides — wie wir gezeigt haben — als systemgefährdend ausschließen und durch Kontrolle und Organisation ersetzen. Überall dort, wo die Kontrolle oder Organisation durch eine mächtigere Instanz fehlt oder versagt, ist die machtorientierte Gesellschaft hilflos. Sei es, daß sie der überhandnehmenden Brutalität im eigenen Staat nicht Herr wird, sei es, daß ihre Macht nicht ausreicht, fremde Angreifer abzuschrecken.

Die Unfähigkeit der Staatsspitzen, dauernden Frieden zu gewährleisten, folgt zwingend aus dem Fehlen einer übergeordneten und weltweit kontrollierenden Macht. Da in der machtgeordneten Gesellschaft letztlich nur die Regeln zählen, die von einer übergeordneten Macht erzwungen werden, fehlen zwischen den Staaten Methoden der Konfliktregelung, denen alle gleichermaßen verpflichtet wären. Auf der obersten Ebene der Staatsführung ist autoritäre Macht unkontrolliert. Ihre Regierenden sind selbst das Produkt machtgerichteter Denkweisen und gewohnt, nur in den Kategorien der Macht zu denken. Zwangsläufig fallen sie immer wieder auf die Stufe kriegerischer Auseinandersetzungen zur Konfliktregelung zurück. Jahrtausende vergeblicher Hoffnung zeigen deutlich, daß der Weg über Macht, Rüstung und Waffen nicht zum Frieden führt.

Im machtbezogenen Denken ergibt sich als logische Folgerung der Wunsch nach einer über allen Staaten stehenden, mächtigen Organisation, die den Frieden sichert. Selbst das Streben nach Weltherrschaft erhält so eine denkbare Begründung. Die einzig sichere Aussage über das Streben nach Weltherrschaft ist aber, daß der Aufbau der Herrschaft selbst die größte Bedrohung und Verletzung des Weltfriedens darstellt. Sein Weg führt über Blut und Tränen, ohne je friedlich enden zu können. Ein Weltherrschaftssystem, das mit Waffengewalt errichtet würde, würde die größte nur denkbare Machtkonzentration in einer einzigen weltweiten Machthierarchie bedeuten. Eine aus militärischer Gewalt hervorgegangene Weltführungsspitze wäre aufgrund ihrer Macht frei, jede Art von Gewaltherrschaft aufrechtzuerhalten.

Der zweite Weg, eine friedliche, allen Staaten übergeordnete Organisation zu gründen, der sich die Teilnehmerstaaten freiwillig unterordnen würden, scheitert an einem inneren Widerspruch. Die ungeheure Macht, die notwendig wäre, jeden Staat und auch jede Staatengruppe unter die erlassenen Regeln zu zwingen, kann ihr von souveränen Staaten freiwillig nicht zugestanden werden. Es widerspricht der Zielsetzung eines soveränen Staates, zu Entwicklungen beizutragen und sich ihnen bedingungslos auszuliefern, die sich möglicherweise auch gegen die eigenen Interessen richten könnten. Dementsprechend ist auch bis heute keine weltweit anerkannte Instanz vorhanden, die dem internationalen Völkerrecht wirksam Geltung verschaffen könnte.

Die fehlende Kontrolle über die oberste Ebene autoritärer Führungsspitzen überläßt den Ablauf zwischenstaatlicher Beziehungen dem Gesetz des Stärkeren. Jahrtausende kriegerischer Auseinandersetzungen zeugen davon. Erst mit der Verbreitung der Demokratien zeichnet sich ein Ausgleich ab, der sich von unten her anbahnt. In einer Demokratie müssen die wesentlichen Entscheidungen der Regierung im Volk Unterstützung finden: und das Volk scheut den Krieg. Während Staaten unter absolutistischen Herrschern von einem machtgerichteten Krieg in den anderen gestürzt wurden — Erbfolgekriege, Eroberungskriege, Religionskriege, Hegemoniekämpfe, etc. —, wird der Friedenswille der Bevölkerung in der Demokratie zu einer

Kraft, die kaum übergangen werden kann: Kein Krieg Europas im 20. Jahrhundert ist nicht von einer Demokratie ausgegangen; das demokratische Europa erlebt seit dem Zweiten Weltkrieg eine längere Friedensperiode als je zuvor; eine Langzeitdemokratie wie die Schweiz hat seit ihrem Entstehen keinen Krieg mehr geführt; selbst das hochgerüstete Amerika mußte den Vietnamkrieg aufgrund der Proteste des Volkes beenden, obwohl es sich keineswegs in einer Lage befand, die eine totalitäre Macht zum Aufgeben gezwungen hätte — man vergleiche demgegenüber die Zerstörung, die in Hitler-Deutschland eintreten mußte, bevor der Machtapparat zur Kapitulation bereit war.

Diese Überlegungen legen den folgenden Gedanken nahe:

Machtfreie Verständigung als Schritt zum Frieden

Die Kontrolle, die in der Demokratie vom Volk her möglich ist, beschränkt sich auf die jeweils eigene Regierung. Dem Verhalten anderer Staaten steht die Bevölkerung nach wie vor ohne Einfluß gegenüber. Hier kann internationale machtfreie Verständigung einsetzen. Sie würde nicht nur die Basis der Kontrolle vergrößern, sondern auch den Verständigungswillen über alle politischen Grenzen tragen. Wenn man erkannt hat, daß die Mehrzahl der Menschen einen Krieg nicht will, liegt der Schluß nahe, daß Staaten, deren Politik machtfreie Verständigung zuläßt und deren Bevölkerungen dadurch verbunden sind, keinen Krieg untereinander beginnen werden. Eine ungelenkte, also machtfreie Verständigung, die die politischen Grenzen überschreitet, würde es den Machtblöcken unmöglich machen, Gegensätze so stark aufzubauen, daß sie zum Krieg führen könnten. Der Friedenswille und die Verständigungsbereitschaft der Völker würden die kriegstreibenden Kräfte bloßstellen. Sie wären nicht mehr in der Lage, sich über den Friedenswillen des Volkes hinwegzusetzen, ohne sofort im Inneren des eigenen Landes in Gefahr zu geraten, statt ihre Macht auszuweiten, unter dem Druck des empörten Volkes auch die schon besetzten Positionen zu verlieren. Noch stärker als in einer derzeitigen Demokratie würde sich die Reaktion gegen die Gefahr eines heraufbeschworenen Krieges in der Bevölkerung aufbauen. Schon vor der eigentlichen Katastrophe eines Kriegsausbruchs würden die Kriegshetzer entmachtet werden.

Doch auch gegen einen Angreifer von außen bilden Staaten, welche durch ein internationales machtfreies Verständigungssystem verbunden sind, selbst ohne formale Verträge und Allianzen, bereits einen geschlossenen Block. Ohne die Macht der weltweiten „öffentlichen" Meinung überschätzen zu wollen, zeigt sich doch auch heute schon recht deutlich, wie sehr alle Aggressoren darauf bedacht sein müssen, ihr „Gesicht" vor den Augen der Welt zu wahren. Sie versuchen, ihre Aggression als Hilfeleistung, als Vorbeugungs- oder Schutzmaßnahme und ähnliches zu tarnen. Dies ist möglich, weil heute die Weltöffentlichkeit vom Schauplatz der Aggression durch militärische Sperrmaßnahmen stets ausgeschlossen werden kann und nur dürftige Informationen erhält, die den erschütternden Einzelschicksalen nicht gerecht werden. Die sensationsbezogene Berichterstattung in den heutigen Massenmedien kann es sich überdies nicht leisten, ein anhaltendes menschliches Problem mit der gebührenden Ausdauer zu beleuchten. Im Schutz dieser ungenügenden Aufklärung gelingt es dem Aggressor trotz seines unmenschlichen Vorgehens, die Weltöffentlichkeit zu beschwichtigen.

Darauf wird sich ein Angreifer in Zukunft nicht verlassen können. Solange es ihm nicht gelingt, das Verständigungssystem des angegriffenen Landes vollständig auszuschalten, würde Botschaft über Botschaft, Hilferuf über Hilferuf in die Weltöffentlichkeit gelangen. Der Aggressor hätte keine Möglichkeit mehr, das wahre Wesen seiner Aggression zu verschleiern; vor aller Welt würden die Beiträge im Verständigungssystem eine deutliche Sprache sprechen und ihn als gewalttätigen Eroberer kennzeichnen.

Selbst wenn der Aggressor das Land vollständig in der Hand hätte und im heutigen Sinn die Aggression erfolgreich abgeschlossen wäre, würde er künftig keine Ruhe mehr finden. Heute sind Menschen, die besiegt und von ihrem angestammten Boden vertrieben worden sind, rechtlos auf freiwillige Hilfsbereitschaft im fremden Land angewiesen. In ihrer Notlage haben sie kaum die Möglichkeit, auf ihre eigenen Probleme aufmerksam zu machen und sind schon gar nicht in der Lage, die Weltöffentlichkeit zugunsten ihres Landes in Bewegung zu setzen. Wieder ändert ein machtfreies Verständigungssystem diese Situation. Die Flüchtlinge, selbst im anderen Land, werden mit Hilfe des internationalen Verständigungssystems zu dauernden, wirksamen Anklägern, die der Aggressor nie zum Schweigen bringen wird. Sie werden das Weltgewissen wachrütteln und nicht ruhen, die Unrechtmäßigkeit und das Unmenschliche der Unterwerfung wieder und wieder anzuprangern. Eine Weltöffentlichkeit, die durch machtfreie Verständigung hellhörig geworden ist, stellt für den Agressor ein zusätzliches nicht berechenbares Risiko dar. Er wird sich plötzlich Schwierigkeiten gegenübersehen, die heute noch nicht vorhersehbar sind, weil eine derart große Verständigungsgemeinschaft als Gegner auf die Dauer nicht besiegt werden kann.

Das staatsweite Verständigungssystem als Schutz vor militärischer Aggression

Auch im Inneren eines einzelnen Staates werden durch das staatsweite Verständigungssystem Kräfte wachgerufen, die für einen potentiellen Angreifer nicht weniger abschreckend sein könnten als militärische Rüstung und Verteidigungsbereitschaft. Bisher stellte sich für einen Angreifer nur die Frage der militärischen Überlegenheit. Es zeigt sich aber immer mehr, daß selbst übermächtige Systeme nicht imstande sind, den Selbstbehauptungswillen der Beherrschten zu brechen. Beispiele dafür sind die nicht auslöschbaren Untergrundaktionen in militärisch besetzten Ländern, aber auch der Widerstand der Systemkritiker, die in autoritären Regimen ihre geistige Freiheit verteidigen. Immer mehr tritt dabei der einzelne als unabhängiges Zentrum des Widerstandes gegen die brutal herrschende Macht hervor. Es genügt nicht mehr, einige Rädelsführer ausfindig zu machen und zu verhaften. Der Widerstand wird dadurch weder ausgeschaltet noch merkbar geschwächt.

Daher wäre der Freiheitswille eines Volkes, der

durch machtfreie Verständigung gestärkt ist, vom Eroberer nicht zu brechen: Die vielen einzelnen, in Selbsthilfe und Selbstorganisation erfahren, nicht mehr gelernte Duckmäuser und nicht gewohnt, von irgendeinem autoritären Machtapparat regiert zu werden, sondern geübt darin, selbständig zu denken und zu handeln, wären eine ständige Quelle des Widerstandes, der die Besatzungsmacht nicht Herr werden könnte. Eine Gesellschaft, die durch machtfreie Verständigung imstande wäre, im Gefahrenfall den größten Intelligenzeinsatz und die größte Widerstandsbereitschaft aller Bevölkerungsschichten freizusetzen, hätte sicherlich die größten Überlebenschancen.

Nicht erst nach erfolgtem Angriff würde dem Angreifer der Abwehrwille der Bevölkerung entgegengeschlagen. Schon beim geringsten Verdacht auf kriegerische Bedrohung könnte die bedrohende Macht das Entstehen massiver Gegenkräfte erkennen. Ein zukünftiger Angreifer würde sich sehr bald davon überzeugen können, daß eine staatsweite Verständigungsgemeinschaft geistig nicht durch Gewalt eingenommen werden kann, daß der militärische Sieg nicht ausreichen würde, das zu erobernde Volk zu unterwerfen. Schon vor dem Angriff würde der erhöhte Aufwand abschreckend wirken, der nach einem militärischen Erfolg noch notwendig wäre, um irgendeinen Nutzen aus der Aktion zu ziehen: der noch größere Aufwand, das ganze Volk geistig unter Kontrolle zu bringen.

Daneben bedeuten die Erfahrungen mit machtfreier Verständigung, die im Gedankengut der Angegriffenen fortbestehen, sogar eine Gefahr für die Angreifer selbst. Da die Idee der machtfreien Verständigung militärisch nicht unterdrückbar ist, setzt sich die Führungsspitze des Angreifers der Gefahr aus, die unterworfene höherwertige geistige Kultur in den eigenen Machtbereich einzulassen und schließlich durch ihr Gedankengut von den eigenen Leuten gestürzt zu werden. Jeder Angreifer wird die geistige Verteidigungskraft einer Demokratie ins Kalkül ziehen müssen, die durch ein staatsweites Reflexionssystem gefestigt ist, bevor er sich der unsinnigen Aufgabe unterzieht, sie unterwerfen zu wollen.

Schutz gegen Machtideologien

Nicht nur militärische Mächte bedrohen die Staaten der freien Welt. Auch das Vordringen von Machtideologien kann ihr Bestehen gefährden. Gerade die auf freie Meinungsbildung bauende Demokratie scheint den Einflüssen radikaler Ideologien von innen oder von außen wehrlos ausgeliefert zu sein. In Diskussionen ist immer wieder das Argument zu hören, die freie Welt laufe in ihrer Orientierungslosigkeit Gefahr, den historischen Machtideologien zu unterliegen.

Es würde aber wenig nützen, einer aggressiven Weltbeherrschungsideologie eine friedliebende und daher defensive Gegenideologie entgegenzustellen. Stärker als jede noch so klug ersonnene Gegenideologie ist das Bekenntnis zur geistigen Freiheit. Das äußerste Maß an freier Meinungsbildung ist im machtfreien Verständigungsraum verwirklicht. Die Vielfalt der Meinungen, die sich darin unbehindert entwikkeln kann, bietet den besten Schutz gegen das Überhandnehmen von Machtideologien. Die Gefahr, daß eine neue Ideologie übermächtig wird, besteht nämlich nur dann, wenn die Lösungseinfalt der Machthaber nicht mehr als ausreichend empfunden wird: Wenn die geistige Freiheit der Menschen nur auf „JA" oder „NEIN" innerhalb eines Unterangebotes an Alternativen eingeengt wird, besteht die Gefahr, daß Auswege gesucht werden, die alles in Frage stellen. Eine Alternative, die mit ihrem „NEIN" das undifferenzierte Unbehagen am Bestehenden zusammenfaßt, kann alles gefährden. Wenn Menschen keine Möglichkeit haben, differenziert auszudrücken, was ihnen mißfällt, sind sie gezwungen, sich um ein Symbol der Ablehnung zu scharen, eine neue Ideologie, eine Führernatur, eine revolutionäre Bewegung gegen das Bestehende. Durch Revolution soll erkämpft werden, was von der etablierten Macht aus der geistigen Auseinandersetzung ausgeschlossen wird und dadurch auf evolutionärem Weg unerreichbar erscheint.

Wenn jedoch der Änderungsversuch erfolgen kann, indem der einzelne die Ursachen seines Unbehagens erkennt und so aussprechen kann, daß sie dort gehört werden, wo sie entstanden sind, bedarf es keiner Symbole mehr, keiner revolutionären Parolen, hinter denen man sich sammelt, um sich stark zu fühlen. Das Reflexionssystem wird jedem Argument Raum geben und die angesprochenen Stellen werden sich, von der Bevölkerung beobachtet, verantworten müssen. Die Freiheit des Reflexionssystems und der Meinungsaustausch mit den vielen anderen, aber auch mit jenen, die öffentlich Verantwortung für ihre Entscheidungen tragen, wird revolutionäre Gedanken auflösen, bevor sie für die Gesellschaft gefährlich werden. In einer Gesellschaft mit einem lebendigen Reflexionssystem bleibt kein Boden, auf dem Machtideologien noch Fuß fassen könnten.

Machtfreie Völkerverständigung

Der neue Weg einer Völkerverständigung kann nur langfristig wirksam werden. Er wird nicht morgen schon zum Ziel führen und sollte deshalb heute schon begonnen werden. Deshalb müßte er das Ziel aller Staaten der freien Welt sein, vor allem aber das Ziel aller politisch Verantwortlichen, denen Frieden mehr bedeutet als ein leeres Wort: Sie müßten versuchen, machtfreie Völkerverständigung einzuleiten und hinauszutragen in die Welt. Sie müßten versuchen, wo immer möglich, ihr Tür und Tor zu öffnen in allen Ländern und allen Gesellschaftsbereichen.

Es ist hier nicht Platz für eingehende Untersuchungen über die Frage, ob machtfreie Völkerverständigung ohne Demokratie möglich ist, noch darüber, wie machtfreie Völkerverständigung im einzelnen in autoritär regierte Länder hineingetragen werden kann. Hier gilt es nur, sich grundsätzlich über den Weg klar zu werden: Der Weg zum Frieden führt nicht über Wirtschaftshilfen, die korrupte Systeme stützen, oder Rüstungshilfen, die Diktatoren stärken, und Abmachungen, die machthungrige Allianzen schaffen, sondern über das Volk, über Demokratie, über machtfreie Völkerverständigung.

Menschen, die sich einmal daran gewöhnt haben, unter den außergewöhnlichen Bedingung machtfreier Verständigung über politische Grenzen hinweg miteinander zu reden, werden allen Ideenreichtum aufwenden, um ihre gemeinsamen Freiheiten und die daraus entstehende geistige Entwicklung nicht wieder aufgeben zu müssen. Jede willkürliche Bevormundung werden sie als nicht hinnehmbaren Rückschritt ablehnen. Die ununterbrochene Verständigung über alle Staatsgrenzen hinweg würde sie in der hunderttausendfachen gegenseitigen Zusicherung vereinen, nicht gegeneinander kämpfen zu wollen, dagegen eine höherwertige Geisteskultur anzustreben, die sich um Ziele der Machtpolitik nicht mehr kümmert — und bis zur Kriegsverweigerung führen kann.

Eine Friedensforschung, die bestmöglich dem Frieden dienen will, müßte in der Erforschung und Verbreitung weltweiter machtfreier Völkerverständigung eine ihrer vordringlichsten Aufgaben sehen. Einer Regierung, der es gelingt, im eigenen Land, und darauf aufbauend, in anderen Staaten machtfreie Verständigung einzuleiten, hat mehr für den Frieden getan, als sie mit Verträgen und diplomatischen Beziehungen je hätte tun können. Darin besteht die wirksamste Verteidigung der freien Welt: die Freiheit, die sie sich errungen hat, auch jenen Menschen zugänglich zu machen, die sonst gezwungen werden könnten, gegen die freie Welt und ihre Freiheit zu kämpfen.

12

DER ANFANG

Zurück zur Gegenwart. Die vielfältigen Auswirkungen machtfreier Verständigung fordern heraus, sich mit ihr auseinanderzusetzen und Stellung zu beziehen. Wir alle, vor allem wir Bürger in Demokratien, in denen das Grundrecht auf freie Meinungsäußerung gewährt wird, haben es in der Hand, machtfreie Verständigung zu einem Anliegen der Gegenwart zu machen.*

Wir in Graz wollen mit FÜR sehr klein, aber dafür auf dem Boden der Wirklichkeit anfangen. Jede Zustimmung aber auch Ablehnung wird uns helfen, während der Zeit des Wachsens diesen Boden der Wirklichkeit nicht zu verlassen. Nur dadurch läßt sich der Einwand widerlegen, machtfreie Verständigung und das darauf aufbauende Reflexionssystem können nur weltfremde Utopien sein.

Machtfreiheit ist ein neuer Maßstab, der viele derzeit übliche Formen der Verständigung in neuem Licht erscheinen lassen wird. Es ist ein Maßstab, der nicht umgedeutet werden kann, denn: ob durch das Ver-

* Auch jene, die heute in der Demokratie Verantwortung tragen, werden über kurz oder lang um ernsthafte Stellungnahmen nicht herumkommen. Alle Bedenken, die von machtausübenden Gruppen zu erwarten sind, können nur Ansporn sein, die Lösungen zu verbessern.

ständigungsverfahren keine Meinung unterdrückt wird und alle Meinungen unter gleichen Bedingungen zugänglich gemacht werden, ist jederzeit überprüfbar.

Die durch dieses Buch angeregten, neu entstehenden Verständigungssysteme — auch FÜR — werden von ihren Teilnehmern stets daraufhin geprüft werden, ob sie dem Maßstab der Machtfreiheit genügen.

Wir alle kennen die Anzeichen, die auf ein unerfülltes Verständigungsbedürfnis in der Bevölkerung hinweisen. Ob dies nun so offensichtliche Erscheinungen sind, wie Demonstrationen, verteilte Flugzettel, „Pickerlaktionen", Wandschmierereien, Hungerstreiks, oder ob sie weniger auffallen, wie Unbehagen an öffentlichen Zuständen, das Gefühl, Institutionen ausgeliefert zu sein, Sorge um die gemeinsame Zukunft, Mangel an menschlichen Kontakten, aber auch Hilfsbedürfnis und Hilfsbereitschaft, die nicht zueinanderfinden, Not und Übersättigung, die sich nicht ausgleichen.

Es wäre nicht genug, nur auf diese „krankhaften" Anzeichen unerfüllten Verständigungsbedürfnisses hinzuweisen. Auch wo die Gesellschaft gesund ist, wird machtfreie Verständigung anregend wirken, indem sie sowohl den einzelnen als auch die Gemeinschaft fördert. Wenn uns das Miteinander wichtiger ist als persönliche Machtentfaltung, können wir eine neue soziale Beziehung ins Leben rufen: eine neue Verbindung des einzelnen mit der Gemeinschaft.

Anders als bei vielen gutgemeinten Aktionen werden dazu weder Opfer nötig sein, noch entsteht ein moralischer Druck. Es sollte genügen, daß der einzelne seinem Verständigungsbedürfnis nachgibt und dadurch zur Gemeinschaft findet: Das Verständigungsbedürfnis des einzelnen und das der Gemeinschaft stimmen weitgehend überein.

Wo anfangen?

Wenn Sie von den Grundsätzen machtfreier Verständigung überzeugt sind, besprechen Sie doch in Ihrem Bekanntenkreis die Möglichkeiten und Auswirkungen, die sich daraus ergeben, und bereiten Sie so den Boden dafür vor. Wenn sich eine Mehrzahl der Leser, die die Gedanken in diesem Buch gutheißen, auf solche Art dafür einsetzt, wird sich der Wunsch nach machtfreien Verständigungssystemen unaufhaltsam vervielfachen. Es wird dann nur mehr geringer Anstöße bedürfen, sie ins Leben zu rufen.

Schon in kleinen Gruppen und mit einfachsten Mitteln läßt sich diese Art der Verständigung zur Belebung der Gemeinschaft in Gang setzen: in Vereinen, in Wohnblocks, in Organisationen — es gibt kaum eine Gruppierung von Menschen, die sich nicht dazu eignen würde. Wer dagegen den Eindruck hat, einer Gemeinschaft anzugehören, in der machtfreie Verständigung unmöglich ist, sollte die Gründe dafür sehr genau überprüfen. Und er sollte sich fragen, ob die Gemeinschaft wert ist, ihr weiterhin anzugehören, wenn er diese Gründe nicht gutheißen kann.

In großen Gruppen, in denen Machtbeziehungen die Organisationsform bestimmen, wird das Reflexionssystem zum Bindeglied zwischen allen Machtebenen und den einzelnen, die durch den machtfreien Verständigungsraum verbunden sind. Durch das Reflexionssystem wird machtfreie Verständigung in Gruppierungen und Organisationen beliebiger Größenordnung möglich, sofern in der jeweiligen Hierarchie nicht das Machtmotiv die Verständigung verbietet.

Für die Gesellschaft von besonderer Bedeutung sind Verständigungssysteme, die alle Menschen eines Ortes, eines Gebietes einbeziehen, oder gar überregionale Verständigung ermöglichen. Jeder, der es sich zutraut, kann sich mit Gleichgesinnten zusammentun, um in seinem Wirkungsbereich — soweit die geltenden Gesetze es zulassen — ein solches System aufzubauen. Über ein Abonnentensystem wird es — wie wir meinen — verlustfrei geführt werden können.

Starthilfe

FÜR soll unser Versuch sein, einen Beitrag im Grazer Bereich zu leisten. Es wird zunächst für den lokalen Einsatz entwickelt. Falls jedoch auch aus größerer Entfernung ein deutliches Interesse sichtbar wird, werden wir versuchen, zusätzlich überregionale Verständigungsmöglichkeiten ins Leben zu rufen. Daran könnten sowohl Einzelpersonen teilnehmen, als auch möglichst frühzeitig andere machtfreie Verständigungsräume angeschlossen werden. In beiden Fällen hängt der Startzeitpunkt vom Interesse ab, das uns entgegengebracht wird.

In der Startphase sind einige entscheidende Voraussetzungen zu erfüllen, von denen der Erfolg abhängen wird. Die Anziehungskraft des machtfreien Verständigungsraumes wächst mit der Zahl seiner Teilnehmer. Für den Start muß daher eine Mindestzahl von Teilnehmern gewonnen werden, die über jener heute noch unbekannten kritischen Grenze liegt, von der aus mit einem selbsttätigen Anwachsen gerechnet werden kann. Dieses Buch soll unter anderem dazu beitragen, FÜR mit einer nicht zu kleinen Teilnehmerzahl zu starten.*

Gemeinsamer Aufbruch

Ebenso wichtig wie der Aufbau machtfreier Veständigungssysteme ist späterhin ihre Benützung. Jeder machtfreie Verständigungsraum erhält seine Bedeutung durch das Miteinander, das sich durch ihn für seine Teilnehmer entwickelt. Wann immer Sie glauben, vor Problemen zu stehen, die Sie alleine nicht oder nur schwer lösen können, scheuen Sie sich nicht, sich im machtfreien Verständigungsraum oder im bereits groß gewordenen sozialen Verständigungsystem an Ihre Mitmenschen zu wenden. Versuchen Sie, die Vorstellungen der Leistungsgesellschaft abzulegen, die dazu zwingen, immer alles als Einzelkämpfer und alleine zu lösen. Kein Problem sollte Ihnen zu ausgefallen, zu aufdringlich oder zu nichtig erscheinen, um damit an die Gemeinschaft heranzutreten. Sie belästigen niemanden damit, weil Sie niemanden verpflichten; und sie lernen mit der Zeit erkennen, welche Probleme für eine größere Allgemeinheit interessant sind.

* Erste Kontaktstelle für Interessierte, Mitarbeiter und zukünftige Abonnenten des ersten machtfreien Verständigungssystems: Arbeitsgemeinschaft mfV, Postfach: 6, A-8043 Graz-Kroisbach, Österreich.

Je vollständiger Sie machtfreie Verständigung in Ihren täglichen Lebenslauf einbeziehen, desto tiefer wird das davon ausgehende Gemeinschaftsgefühl sein. Wann immer Sie eine Aussage im machtfreien Verständigungsraum entdecken, die Sie als richtig und Ihrer Unterstützung wert empfinden, drücken Sie Ihre Zustimmung aus. Werden Sie sich des Wertes der Unterstützung bewußt, die Sie durch Ihre Aussage geben können. Sie wirken dadurch mit, das Klima zu schaffen, aus dem heraus auch Sie Unterstützung finden werden, wenn Sie ihrer bedürfen. Sie eröffnen sich dadurch eine Welt, die Sie anregt, an der Sie lernen, die Ihnen Kontakte erschließt, die Sie Anteil nehmen läßt und Ihnen Erfüllung bieten kann.

So schließt dieses Buch nicht mit einer bedrückenden Gegenwartsanalyse, sondern mit der Vorbereitung auf einen unmittelbar bevorstehenden gemeinsamen Aufbruch.

Wir dürfen uns nicht einreden lassen, daß die Zukunft der menschlichen Gesellschaft an einige Verantwortliche abgeschoben werden darf, während die anderen untätig zusehen können oder müssen. Unsere eigene und die Zukunft unserer Nachfahren wird so aussehen, wie wir sie bis dahin gestaltet haben werden. Wir dürfen sie nicht den Gefahren und der Willkür der Machtlogik überlassen, sondern müssen miteinander in Kontakt treten, um neue, machtfreie Formen der Zusammenarbeit und des Zusammenlebens zu erproben. Nur so können wir verhindern, in Diktaturen oder auch in Demokratien durch immer größer werdende Machthierarchien oder durch überhandnehmende Bürokratie erstickt zu werden.

Als Verfasser sind wir uns darüber im klaren, mit unseren Ausführungen nur erste Ansätze zu liefern. Es kam uns darauf an, ein erstes Verständnis herzustellen, aus dem die Notwendigkeit hervorgeht, weitergehende Untersuchungen über machtfreie Verständigung in vielen Gesellschaftsbereichen anzuregen.

Alle, die sich berufen fühlen, auf ihre Weise die Verständigung unter Menschen zu fördern, sollten mit Entschlossenheit am Aufbau machtfreier Verständigungsysteme mitwirken, um dadurch zu einer längst notwendigen Wende in der Gesellschaftsentwicklung beizutragen. Es ist eine Wende, aus der menschenwürdigere Lebensbedingungen für alle hervorgehen werden. Es ist eine Wende, die nur in einer verständigungsbereiten Gesellschaft und nur von innen heraus entstehen kann. Sie ist notwendig, um schließlich auch den Regierungen das Handeln zu ermöglichen oder nahezulegen.

Heute wird in den politischen Lagern der freien Welt die Frage gestellt, wie der einzelne Mensch, wie die Basis der Bevölkerung an der Meinungsbildung beteiligt werden kann, ohne die bestehenden Mechanismen der Demokratie zu stören oder zu zerstören. Wir meinen, daß die beschriebenen neuen Wege der Verständigung Lösungen zeigen. Eine Demokratie, in der ein staatsweites und machtfreies Verständigungssystem errichtet wird, wird anpassungsfähiger, lebensgerechter und daher krisensicherer sein.

Am Ende dieses Buches steht nicht ohne Hoffnung der Anfang dieser Entwicklung.

Für engagierte Leser.
Sie können beim Aufbau eines machtfreien Verständigungssystems mithelfen, indem Sie diese Seite ausschneiden und ausgefüllt an die

Arbeitsgemeinschaft mfV
Postfach6
A-8043 Graz-Kroisbach

senden.

Ich halte den Aufbau machtfreier Verständigung für wünschenswert und teile daher unverbindlich mit*:

Ich möchte am Aufbau von FÜR mitarbeiten

- ☐ durch Einsatz von Arbeitskraft
- ☐ durch Einsatz spezieller Kenntnisse: ____________

____

Ich möchte FÜR kennenlernen und benützen:

- ☐ JA
- ☐ NEIN

Ich möchte ein anderes machtfreies Verständigungssystem aufbauen:

- ☐ suche Erfahrungsaustausch
- ☐ benötige nähere Einzelheiten über FÜR
- ☐ möchte über weitere Projekte informiert werden
- ☐ suche Kontakte zu Gleichgesinnten in meiner Umgebung

Bemerkungen:
____
____

Name: ______________________________
Adresse: ______________________________

* bitte Zutreffendes ankreuzen

ZWIKKEL, der Keil mit der Blume unten an beiden Seiten des Strumpfs.

ZWIKKERN, hurtig laufen, wie eine Maus. Uut un in zwikkern: aus und ein schlüpfen, oft und als verstohlner Weise aus und ein laufen. R.

Zwik-lok, ein Schlupfloch: eine Oefnung, woraus man im Fall der Noth entkommen kann: ein Mittel zu entwischen. R.

Zwik-möle, eine doppelte Zuflucht, da man aus einer zur andern entkommen kann. R. Besonders nennen die Kinder, bey dem sogenannten Mühlenspiel, also eine doppelte Mühle, bey welcher, wenn die eine zu geschoben wird, eben dadurch die andere offen wird: welches ein beständiger Vortheil ist. Frisch im Wörterb. T. I. p. 265. col. 2. nennet es Fick-mühl.

ZWIRKEN, zwitschern, wie kleine Vögel und Heuschrecken. R.

ZWIRRIG, nett gekleidet. S. SWIER.

ZWOPP, der Wipfel eines Baums. S. SWOPP.

ZWUKSE. S. unter ZWIKK.